别样的人生

澎湃新闻调查新闻部 编

文汇出版社

图书在版编目(CIP)数据

别样的人生/澎湃新闻调查新闻部编.—上海：
文汇出版社,2020.9
ISBN 978-7-5496-3300-5

Ⅰ.①别… Ⅱ.①澎… Ⅲ.①新闻报道-作品集-中国-当代 Ⅳ.①I253

中国版本图书馆CIP数据核字(2020)第154732号

别样的人生

编　者/澎湃新闻调查新闻部

责任编辑/戴　铮
封面装帧/薛　冰

出版发行/文匯出版社
　　　　　上海市威海路755号
　　　　　（邮政编码200041）
经　销/全国新华书店
排　版/南京展望文化发展有限公司
印刷装订/上海新文印刷厂有限公司
版　次/2020年11月第1版
印　次/2020年11月第1次印刷
开　本/890×1240　1/32
字　数/140千字
印　张/6.875

ISBN 978-7-5496-3300-5
定　价/28.00元

内容简介

监狱因相对封闭和神秘,一直以来被标上"文化孤岛"的标签。近年来,上海监狱在推进现代警务机制、坚持公正廉洁执法、构建"五大改造"新格局的实践中,监狱文化愈发表现出自觉与自信,发挥文化教育人、改造人、挽救人的作用。与此同时,监狱文化也构筑了监狱人民警察的精神家园,提升了民警的职业认同感和自豪感。

《别样的人生》从微观视角出发,澎湃新闻的记者们通过采访监狱领导、民警、罪犯,从第三方的视角讲述了老病残犯监狱在新时期的新使命、民警的工作和生活,老病残罪犯的改造心路和教育矫治案例等十余篇纪实报道,呈现了上海市南汇监狱自成立以来,全监民警在学习、工作和生活等方面的点滴故事、经验成果和创新举措,同时也全景式描绘了罪犯在大墙内的改造和生活。

奉献大爱的忠实纪录
——《别样的人生》序

吴宗宪[①]

进入新世纪以来，监狱学研究得到了快速发展，一大批学术专著和学术论文的出版，对监狱工作的发展起到了积极的促进作用。然而，在普罗大众心目中，监狱工作依旧神秘，因为在公开出版的书籍中，较为准确、客观地记录监狱民警管理教育罪犯的纪实文学作品和通俗读物，仍然比较缺乏。

《别样的人生》是一本记录上海市南汇监狱老病残罪犯改造的报道集，全书近10万字，是澎湃新闻的记者在深入调查研究的基础上写成的，饱含作者对老病残罪犯教育管理工作的高度关注，表达了对监狱人民警察辛勤付出和默默坚守的真诚敬意。

位于上海市浦东新区周浦镇的上海市南汇监狱，是我国第一家专门收押老病残罪犯并与监狱总医院合并建设的监狱，而本

---

① 北京师范大学刑事法律科学研究院二级教授，犯罪与矫正研究所所长，博士生导师；北京师范大学中美刑事司法心理学研究中心主任，北京师范大学法学院学术委员会主任；兼任中国犯罪学学会副会长、中国预防青少年犯罪研究会副会长、中国监狱工作协会常务理事和学术委员会委员等职；曾任司法部预防犯罪研究所研究员、监狱学研究室主任。

书则是我国第一部全方位展示老病残犯监狱工作和老病残罪犯改造生活的纪实文学作品，可以填补公众对这个监狱领域的认知空白，必将增进社会公众对于这方面监狱工作的了解。

本书虽然字数不是很多，但是，内容十分丰富，从多个角度反映了老病残犯监狱的日常工作和良好实践。我们可以看到对多方面监狱生活的记录描述，对艰苦年代的历史还原，对罪犯改造心路的深入剖析，对"把大墙内的人改造好，让大墙外的人生活好"的职业追求……一个个精彩的故事折射出南汇监狱对老病残罪犯改造工作的积极投入与改革创新，讲述了利用多种方法教育矫治罪犯的成功实践。可以说，本书中的内容，不仅向公众展现了老病残犯监狱这个相对封闭的空间中的独特工作与生活，也为从事老病残罪犯改造工作的人们提供了丰富的实践经验，能够启发人们思考，值得监狱系统内其他单位分享和借鉴。

本书也展示南汇监狱民警们的工作状况和感人事迹。我们可以看到，各具特色的一个个监狱人民警察如何传承发展优良作风、精心钻研工作本领的情况，他们中既有数十年如一日坚守平凡岗位的老民警，也有因工作结缘并相互扶持的双警家庭，还有半路出家后自学成才的手语"专家"等。他们不仅在工作中兢兢业业、忠诚担当，还在工作之余热心公益、倾情付出。他们用信念坚定的良好品格、无私奉献的优秀品质、乐于助人的高尚情怀，创造了很多改造罪犯和助人向善的感人事迹。如果说管理和改造罪犯是世界上最难的工作之一，那么，管理和改造老病残罪犯的工作，更是难上加难，需要特殊的爱心、耐心、毅力和智慧。南汇监狱的民警们在这个领域中奉献了他们的大爱，贡献了他们的才智。他们的优秀事迹,应当广为传颂、踵事增华。我曾经讲过,"监狱设施、监狱工作者和被监禁的罪犯,是监狱的三大有形构成要素。在这三大有形构成要素中,最关键、最重要的有形构成要素,是监狱工作者。"[①] 我相信,这样一支优秀的监狱工作者队伍,是南汇监狱在过去取得突出业绩的重要基础,也是在未来继续创造辉煌的重要保障。

读完书稿,我感到本书有一些鲜明的特色。首先,**调研深入,评价客观**。由记者到监狱内进行现场体验,在工作环境中采访监狱领导、监区长、主管民警和罪犯,不仅可以深入了解监狱工作的情况,也可以从第三方中立的视角,向公众客观展现监狱工作的方方面面。其次,**内容丰富,资料详实**。收入本书中的材料,或者从宏观视角反映监狱发展历程、老病残罪犯改造模式升级等内容,或者从微观层面讲述对老病残罪犯进行教育矫治的个案信息;既反映了监狱内部的认罪悔罪、心理矫治、药物治疗等工作,也体现了来自监狱外部的师资培训、社会帮教、亲情感召的情况;既有民警全副身心投入事业的工作状态和热爱生活的多个侧面,也有不同罪犯从遇到困难、出现问题到民警介入、有效干预、发生转变和得到改造的曲折过程……通过这些材料,可以看到立体化、活生生的监狱工作与生活的情况。再次,**论述生动,可读性强**。本书中的一篇篇文章,都用通俗易懂的文字,生动形象地讲述了在南汇监狱中发生的一个个真实的故事,通过这些故事反映监狱制度以及监狱民警和罪犯的工作与生活情况,生

[①] 吴宗宪:《监狱学导论》,法律出版社2012年版,第33页。

动有趣，精彩纷呈，引人入胜，读起来不忍释卷，能够使人留下深刻印象。

　　提高老病残罪犯教育改造质量，将老病残罪犯改造成为守法公民，既需要监狱机关和社区矫正部门的不懈努力，也需要社会有关部门的大力支持，更需要不同学科从各自的视角加强老病残罪犯管理教育的研究，这不仅涉及监狱学，还涉及法学、社会学、犯罪学、教育学、心理学以及老年学等相关学科，更需要监狱机关主动与有关大专院校和科研部门合作开展研究，提高老病残罪犯管理、教育、矫治等方面的理论和实践水平，为构建和谐社会服务。希望通过本书中收录的资料，使更多人了解老病残犯功能性监狱的情况，真诚关心、积极支持和大力参与这方面的工作，促进这个领域的科学化发展。

　　作为一名长期从事监狱学研究和教学的人员，我热烈祝贺《别样的人生》的出版，期待南汇监狱的民警们继续努力，取得新的成绩，谱写新的华章！

2019 年 9 月 19 日

前言

监狱虽有几千年的历史，却因其"鲜明的阶级性"和"严厉的惩罚性"而呈现着神秘和畏惧。"别样的人生"，监狱以喻之，别有意味。

上海市南汇监狱，全国首家专门收押老病残罪犯的功能性监狱，因其押犯结构的特殊性、监管设施的科学性、日常管理的复杂性、监狱文化的开拓性而备受关注。正如清末著名法学家沈家本曾言，"觇其监狱之实况，可测其国程度之文野。"南汇监狱虽只蓄力一纪，却是伴随上海监狱体制改革的进程，赓续红烛，躬身实践，不妨可作"窥豹之管"，展现一个别样的人生。

法治源于人民对法律的信仰，对司法的信服。我们的工作不是让公众看到司法生硬机械、不近人情，而是实现情、理、法的交融与平衡，在法律规范的基础上蕴含了中国传统文化中对道德伦理和生命价值的尊重。**创业的艰辛与守业的不易**，在第一章发展历程里，南汇监狱从最初的探索老病残罪犯集中收押模式到新时期肩负的新使命，十几年来的发展历程，可以说是上海监狱推进现代警务机制、推进监狱体制改革的缩影。**罪与赎**，在第二章改造心路里，罪犯曾经的错罪，在今天如何救赎？是民警的挽救、家人的亲情、社会的重新接纳共同努力的结果。**身心二治**，在第三章攻心难题里，老病残罪犯身体上需要医治，但可能更重要的是心理治疗。**执法的力度与温度**，在第四章润物无声里，监狱执法在严格、规范的前提下，也讲究文明、人性化，也讲求情、理、法的融合。**狱务公开**，在第五章墙外世界里，家属、社会可以通过狱务公开、开放日等活动近距离了解监狱。"**快乐工作，幸福生活**"，在第六章民警风采中，有业余爱好，有特长专长，还有爱情故事，更有雄心壮志！"**非常时期，非常担当**"，在第七章抗"疫"逆行中，通过媒体报道、民警先进事迹宣传，展现了在抗击新型冠状病毒肺炎疫情中逆行勇士们共克时艰的决心和信心！

《别样的人生》一书，既是纪实南汇监狱在工作、学习、科研和生活等方面的点滴故事、经验成果和创新举措，也是向纪念新中国成立 71 周年的一份献礼。在此，我代表监狱党委向所有为南汇监狱发展做出贡献的同志们、支持监狱工作的社会各界人士致以崇高的敬意和衷心的感谢！

上海市南汇监狱党委书记、监狱长

周广洪

2020 年 6 月

目录

第一章　发展历程 …… 001
　　新的历史时期的新命题 …… 003
　　老病残罪犯监管改造模式"3.0 版" …… 010

第二章　改造心路 …… 017
　　何以为家 …… 019
　　藏在拐杖里的 200 粒安眠药 …… 030
　　高墙内的"面点师" …… 036

第三章　攻心难题 …… 043
　　高墙内的心理健康教育 …… 045
　　教育转化顽危罪犯如何"开药方"？ …… 055
　　认罪悔罪评估，怎么做 …… 065

第四章　润物无声 …… 073
　　想活着出去，给家人一个交待 …… 075

一名罪犯罹患肝癌之后 ……083

春风化雨 ……089

医者的温度与执法者的底线 ……094

第五章　墙外世界 ……103

好久没能握住你的手 ……105

高墙内的非遗"匠人" ……116

第六章　民警风采 ……127

致最可爱的人 ……129

一双手，破译无声密码 ……132

从享誉上海滩的歌星到监狱指挥中心的指挥长 ……140

在挑战中成长 ……152

为生命领航，陪病犯度过黑暗时光 ……158

第七章　抗"疫"逆行 ……169

非常时期，非常担当 ……171

一名监狱人民警察的忠孝抉择 ……178

大墙内坚守的平凡身影，也是一种美丽 ……183

从雨雪纷飞一直守到春暖花开 ……189

第八章　影像记录 ……199

摄影图集 ……201

别／样／的／人／生

第一章 发展历程

新的历史时期的新命题

文/胥 辉

老病残罪犯改造,如何平衡"惩罚"与"关怀"?

这是上海市南汇监狱在过去十几年中不断思索与探求的议题。作为全国首家与监狱医院合并建设、集中收押老病残罪犯的功能性监狱,无论在民警素质、资金保障、硬件设施建设等方面,南汇监狱都努力走在全国前列。

老病残罪犯的管理教育工作不能因病情或年龄等原因降低标准,既要做到惩罚和改造,又要做到关注和关怀,"在这一平衡点上我们要做的还有很多,要求民警有较强的职业素养和业务能力",南汇监狱党委书记、监狱长周广洪说。

目前,在南汇监狱,全日制本科以上学历的民警占比85%以上,队伍年轻且充满活力。此外,作为一所功能性监狱,南汇监狱还有一支稳定的科研队伍,不仅是司法部预防犯罪研究所在上海的第一个科研基地,中央政法委也将其列为队伍建设联系点。

在南汇监狱"当家人"周广洪看来,这既是认可和信任,更是一种鞭策。他表示,立足现有条件,南汇监狱要在未来健全机制建设，不断探索创新好的管理办法和经验，建设全国一流的研究型监狱。

为此，南汇监狱所有民警要树立"首题必政治、每题必安全、逢题必认真"的工作理念，坚持"崇尚法律、践行公正、尊重生命、人文矫治"的执法理念，不忘初心、牢记使命，站在新的起点上，开始新的征程。

接手病犯监狱，监狱长的压力与信心

2018年，周广洪到南汇监狱任职的时候49岁，当时南汇监狱已成立十一年，但仍是上海最年轻的监狱（两劳教所转型除外）。他说，上级任命他作为这里的"当家人"的时候，信心与压力并存。

周广洪是一名"军转干"，2009年以团政委的身份转业到了上海市戒毒管理局，2018年到南汇监狱任党委书记、政委，2019年底任党委书记、监狱长。在南汇监狱工作的两年多时间里，周广洪深感"压力山大"，因为这里的罪犯，老病残罪犯占70%以上，不仅是需要管理、改造的罪犯，又都是需要医治的病人，责任可谓重大。

但同时，南汇监狱在2007年建立之后的十余年间，充分抓住后发优势，不仅在设施建设、监管制度设计方面后来居上，在资金保障，吸收优秀人才方面，跟中西部地区同系统比起来，也因倚靠上海这样的国际大都市而占尽先机。有了人才，各种创新机制、管理经验、研究成果不断涌现。那么，在高起点上的南汇监狱如何进一步作为？这也是他首要面临的问题。

因此，在这样的监狱，无论从监狱长还是普通民警，不仅要细心、耐心，更要虚心。2018年3月，周广洪到监狱上任的第一时间，把监狱的各种资料看完，掌握了基本情况，马上就开始下监区、分条线调研，他只有通过扎实的调研，掌握全面情况之后才能推进工作。

如何做到依法依规和人文关怀并施？周广洪认为，在给予老病残罪犯生命尊重的同时，也不能降低改造的要求，"这是对社会负责，既要履行好刑罚执行机关的职责和要求，又要做精做细罪犯管理和教育。"

就以罪犯药品的管理为例，目前在南汇监狱，所有老病残罪犯每天服药总量可达一万粒，对于药品发放、服药流程都有明确的标准和要求，尽最大努力不漏发、不错发，不漏服、不错服一粒药。

作为监狱，安全稳定永远是第一要务，这都要倚靠民警来实现。但随着老病残罪犯集中管理，罪犯人数逐渐增长，身体病痛、缺乏家庭关爱、生活无望所带来的负面情绪使得老病残罪犯的危险度升高，而民警对他们的教育管理方面，急诊或外出就诊的压力、日常管理和教育的难度也日益加大。民警做到履职尽责，一切工作都会很顺利，一旦松懈，就可能出问题。

人性管理信息透明，确保病犯死亡零纠纷

除了教育改造病犯，提供基本医疗也是病犯监狱的责任所在，而每一项改革举措的推出，实则包含着监狱上下的齐心努力。

在南汇监狱，无论阴晴雨雪，医务室的医护人员每天都会进驻监区为患糖尿病的病犯注射胰岛素。而在2018年5月之前，这项工作则需要由民警带着从监舍步行到相邻的上海市监狱总医院大楼才能完成。虽然只是两栋楼的距离，对于坐着轮椅、拄着拐杖的老病残罪犯而言，实非易事。

"万一有人摔倒，或者发生其他突发情况都不是小事"，这一件看似常规的工作，让监狱党委开始思考，如何解决病犯不出楼栋就完成注射胰岛素的问题。

首先，监狱卫生所不具备注射胰岛素的资质，必须升级为医务室；其次，每天安排医护人员进驻监区为病犯打针，人员很好调配，但涉及卫生所改造升级，需要卫生部门的审核验收等一系列流程。后经近一年的筹备，2018年5月，病犯在监区内打针的问题才彻底解决。

周广洪说，这些年因病在南汇监狱内死亡和保外就医死亡的病犯总共十几例，没一起处置出现过纠纷，令人欣慰。

实际上，随着执法越来越规范，特别是新的刑诉法修订之后，因病不收监的人数锐减。此外，保外就医的审核也更加规范，病犯数量总体增加。在上述前提下，南汇监狱仍能做到"零纠纷"实属不易。

为此，监狱建立了一套成熟有效的就诊制度：病犯身体有任何异常，监狱会第一时间通知家属，甚至邀请家属和总医院医生一起商讨诊治方案，每个人的就诊治疗情况详细记录入档。如此一来，每一名病犯死亡的原因，以及监狱采取的措施家属都知情，不隐瞒任何信息，这是避免纠纷的最有效方式。

此外，南汇监狱还建立了完善的罪犯外出就诊制度，在维护罪犯生命健康权的同时，确保社会的安全稳定。罪犯病情告知家属、就诊、病历管理等规范制度在南汇监狱成立以来不断完善，而做好这些工作的前提是将监管一线的各项基础工作做到扎实。

提升工作激情，七零后九零后一起成长

在部队里从基层岗位上一步一步成长起来，周广洪深知，基层民警的工作热情决定监管工作的质量，而任何好的工作思路和构想，都需要一线民警来贯彻落实。调研期间，民警工作的量化程度，如何提升他们的工作热情和积极性都引起了监狱党委的注意。要调动一线民警的积极性，提振士气，靠喊口号是不行的，关键是让每个人有盼头、有希望。

周广洪说，南汇监狱民警组成分三部分，一部分是他这样的"军转干"，最显著特点是执行力强，能吃苦耐劳。另一部分是在监狱工作了几十年的民警，有的甚至是"警察世家"。这部分人被称为"老法师"，他们对管理罪犯有一套自己的经验，甚至能从一个罪犯的肢体动作，一个眼神里知道他在想什么。但很多"老法师"只会做不会讲，经验很难传给年轻人。

另一部分就是科班出身的大学生，年轻有活力、有想法、思想开放，在南汇监狱占85%以上。如何将这些人放到最适合他们的岗位上，成了周广洪思考最多的问题。

警察队伍历来"兵多将少"，被提拔任用的机会并不很多，这也是很多人到了一定岁数工作热情减少的原因。但是监狱几百

名民警，组织人事部门很难全方位地了解每一个人。

因此，首先还是细化考核指标、完善考评制度，同时，通过监狱各种活动发现人才。比如：技能比武、演讲比赛、辩论会、文艺表演、座谈活动，对他们来说这并非娱乐活动，关键在于——"是骡子是马"都可以拉出来遛一下。一些"老法师"和新民警因此"结缘"了，相互交流学习，对工作带来很大提升。

逐渐地，一些平时考核指标比较好、在很多活动中比较活跃，有思想的优秀九零后民警也能得到提拔，据悉，目前南汇监狱已经有两名九零后副监区长了。

"只有用人不拘一格，打破年龄、资历等条条框框的限制，所有人才会觉得有奔头、有希望，对工作才能保持持久的热情。"周广洪说。

让高墙内外的人都过上正常的生活

"把大墙内的人改造好，让大墙外的人生活好"这句话写在南汇监狱活动中心的墙上，周广洪说，他们所有的努力都是为了这个目标。

这些年来，南汇监狱在上海监狱系统中率先建立以指挥中心为龙头的场所警戒机制，打造联动高效的安防屏障。同时，探索罪犯生理心理星级预警，首创证据保全中心，打造人防、物防、技防、联防、心防、侦防"六防一体化"新模式。强化病情处置机制，健全危重病犯管理模式，完善罪犯正常死亡处置流程，监狱管理水平在不断提高。

这些年来，南汇监狱注重科学集约用警，规范的警务评估机制激发民警动力活力，提升警务效能，以"问题即课题，攻关即工作，成果即成长"的价值导向，引导民警投身科研，以建设全国一流、对标国外的研究型监狱。民警各类改造罪犯研究论文已经发表了三百多篇。在监狱办公区里，民警的书柜、办公桌上总放着不少国外监狱管理的书籍。

上海作为国际化大都市，各行各业国际交流机会都很多，监狱也不例外，他们既能吸引很多优秀的年轻人，同时也能给他们创造很多放眼世界的机会，在周广洪眼里，虽然南汇监狱还有许多不足，但已经是一座具有国际视野的现代监狱。

在他看来，社会主义监狱制度，是维护国家法律威严，以改造和教育罪犯为主要目的。西方监狱最初也是震慑、惩戒为主，但后来开始向矫正和教育方面转换，现在则主要在向刑罚人道主义方面靠拢，这是国内外监狱共同的地方，在这方面南汇监狱做得较为出色。

这些年来，南汇监狱先后荣获全国监狱劳教工作先进集体、上海市模范集体、上海市文明单位、全国文明单位等荣誉称号，并成为司法部预防犯罪研究所在上海的第一家科研基地，也是中央政法委的队伍建设联系点。这是对南汇监狱的认可和信任，作为已经在高起点上的南汇监狱，无疑承载着更多的希望与寄托。

周广洪说，南汇监狱已经走到这一步，只能继续奋勇向前，不仅要成为全国一流的病犯监狱，更要对标国际先进发达国家的监狱管理水平，为全国的病犯监狱提供更多的经验、模式和范本。很多的新命题等着他们去完成。

老病残罪犯监管改造模式"3.0版"

文／宋蒋萱

十二年前，蔡卫国成为上海市南汇监狱的首批监狱人民警察。

十二年来，蔡卫国见证了南汇监狱的成长、成熟——从探索老病残罪犯管理模式，到孕育出成熟的精细化管理机制；从首个集中收押老病残罪犯的监狱，到如今为全国病犯监狱管理提供"上海样板"……

如今，蔡卫国仍战斗在基层一线，现任一监区党支部书记、监区长，用他的话说，从初探老病残罪犯集中收押模式至今，南汇监狱探索的老病残罪犯监管改造模式从1.0版升级为2.0版，而今，南汇监狱的民警们承载着老病残罪犯监管改造一体化的新挑战，正踏步迈入3.0版。

第一座集中收押老病残罪犯的监狱

南汇监狱位于上海市浦东新区周浦镇，一条绿油油的窄溪从高墙外流淌而过。风和水暖时，偶尔还能看到驻足或飞舞的白鹭。

溪水的另一旁是一片幽深的竹林，与竹林相对而立的高墙，则把一片近两百亩的地块围绕其中。这是全国第一家集中收押老病残罪犯、与监狱总医院合并建设的监狱。

十二年前，为更好地贯彻实施《监狱法》中对罪犯实行"分类关押、分类管理"的要求，经上级有关部门批准，上海市监狱管理局历时五年，于2007年建成了南汇监狱，当年7月17日正式竣工，投入使用。

而现任一监区党支部书记、监区长的蔡卫国和几十名民警，于监狱竣工后即来到这里，成为这座集中收押老病残犯监狱的第一批民警。

民警们还记得，那年七月格外炎热，他们搬运物资、整理场所，没几趟下来，衣服全被汗水浸湿。而与炎热并行的，还有绕不开的压力和挑战。

老病残罪犯集中后如何管理，是摆在大家面前的一道难题。南汇监狱建成之前，老病残罪犯实行分散关押，在各个监狱中与其他罪犯一起关押、同步改造。与其他罪犯相比，老病残罪犯由于生理、心理特殊性，要想达到预期的改造效果，需要额外投入较多精力，南汇监狱的民警们无疑将面临更大的管理难度，需要设计更为科学细致的管理制度。

在无经验可借鉴的情况下，大家摸着石头过河。南汇监狱在设计过程中就充分考虑了老病残罪犯的生理特点和生活特性，在监区门口建造供轮椅通行的无障碍通道，在仅有三层的监舍楼内安装电梯，在走廊内安装防撞扶手，在每间监舍配备坐便器外，旁边还安装了扶手。

在管理方面，为了确保对老病残罪犯这一特殊群体的管理更加到位，教育更有成效，南汇监狱引入了"两级化管理"的模式。在这一管理模式下，原本监狱、监区、分监区的三级管理层级被"扁平化"为监狱、监区两级，由监区直接实施对罪犯的管理，通过缩减管理环节，提高工作效率，确保了尽可能多的警力直接参与管理教育罪犯。

监狱成立初期，首先成立了后勤监区，以解决罪犯的伙食供应问题，为收押第一批罪犯做好前期准备工作，蔡卫国把那时的工作形容为"兵马未动，粮草先行"。与其他监狱不同的是，鉴于收押的罪犯患有糖尿病、高血压等各种疾病，伙食在硬度、甜度方面进行了细致分类。

同时，监狱对罪犯疾病护理、药品管理、生活卫生等方面的工作加以细化，并首设"护理犯"，由经过培训，掌握一定医务、护理知识的罪犯专门对老病残罪犯进行看护，在一定程度上照顾他们的生活。

对新调入南汇监狱的罪犯，为了不影响他们的改造，衔接好计分考评、行政奖惩、司法奖励等执法工作，民警们提前落实罪犯档案的移交、犯情交接等工作，以最大程度降低罪犯由于环境改变而产生的不适应状况。

罪犯出狱后送回一面锦旗

2007年7月27日，南汇监狱正式收押了第一批老病残罪犯。如今，已是监狱安全运行的第十二个年头。

蔡卫国现任一监区党支部书记、监区长，他所管理的一监区关押的大多是刑期较长、病情较重的罪犯。在南汇监狱工作的十二年里，他接触过形形色色的罪犯，经历过各种复杂的事件。但令他记忆犹新的，还数2019年4月16日刑满释放人员送来的一面锦旗。

"真情感化狱中人，民警关爱深似海"，深红色的锦旗上印着两行烫金大字，这面锦旗是一监区罪犯刘某出狱后专门送到监狱来的。蔡卫国说，他们曾收到过罪犯家属送来的各种锦旗，但刑满释放人员主动来监送锦旗的，并不多见。

已过不惑年龄的刘某曾因犯信用卡诈骗罪被判处有期徒刑三年二个月，于2019年4月回归社会。

曾在一监区服刑的他，先后经历了妻离子散、母亲去世的巨大伤痛，加之他还患有高血压、糖尿病、心脏病、脑梗等多种疾病，入狱后他不仅隔三岔五就诊，且思想顾虑较多，精神长期处于一蹶不振的萎靡状态，改造情绪低落。

一监区的领导以及主管警官把这些都看在眼里，为他制定了针对性的矫治计划，一方面，开展谈话教育，循循善诱，逐步引导其树立踏实改造奔新生的良好心态，放下包袱，踏实改造；教育他通过真诚悔罪，积极洗刷因自己的犯罪行为给家人带来的耻辱，努力弥补自己对家人的愧疚。

另一方面，由于刘某在家庭关系方面存在缺陷，主管警官对他开展家庭关系调适教育，提前与刘某的父亲多次沟通，说服其父亲配合监狱改造工作，同时鼓励刘某与父亲会见。通过几次会见，刘某获得了亲情的关怀和家庭的支持，精神状态有所改观。

2018年11月的一天傍晚,刘某在监房因病晕倒,值班民警第一时间赶赴现场,立即展开急救,用担架床把刘某送往监狱总医院进行救治,及时的救治让刘某脱离了生命危险,此事对刘某触动很大。此后,监区民警安排其定期检查治疗,并通过积极心理引导,使刘某逐渐树立起改造信心,重拾希望。

在后期改造中,刘某踏实改造,认真悔罪赎罪,积极参加康复性劳动,将劳动报酬悉数寄给家人,勇敢承担起为人父和为人子之责。在获得一次两个月减刑后,刘某于2019年4月回归社会。

锦旗上十四个金字,是刘某对自己改造生活的感受,也是送给监区民警的心里话,更是对南汇监狱管理模式取得效果的真实写照。

老病残罪犯管理踏入"3.0版"

对蔡卫国而言,这十二年是与南汇监狱共同成长的十二年,也是自己执法理念、业务水平不断提升的十二年,更是老病残罪犯管理模式逐步规范化、精细化、专业化的十二年。

"如果说监狱刚建成时,老病残罪犯管理水平处于1.0版,通过五年的努力达到了2.0版,如今,我们正在踏入3.0版",蔡卫国评价道。

多年来,蔡卫国善于在工作中发现问题并寻找解决方法,不断汲取经验,尤其建监初期对精神病犯管理及改造问题进行了深入研究,成果曾发表于多本期刊。

蔡卫国认为，随着狱内精神病犯比率逐渐上升，精神病犯给监狱的监管安全和日常管理带来压力，且对他们的改造和管理与一般罪犯也存在较大差异，而针对精神病犯的管理又缺乏可以借鉴的有效的管理模式。

以南汇监狱某一时期的男性精神病犯为研究样本，蔡卫国对精神病犯的病情、病因、年龄、文化、地域、家庭、心理及生理状况进行了分析，总结出精神病犯犯罪具有激情性、报复性等行为特征，在改造过程中，较易出现突发性暴力倾向，且适应能力较一般罪犯差，往往对改造没有信心、或无法适应环境而产生消极念头，且在改造过程中需要反复教育。

"比如曾经有精神病犯拒绝服药，无理辱骂他人；还有精神病犯服药时将药藏起来，被发现后自称自己没病，不需要服药"，蔡卫国说，针对这些情况，监狱制定了一系列管理制度，如"发药到手、见药入口、咽下张口、举手再走"，规范和督促他们的治疗和服药过程，确保对他们的治疗效果。

精神病犯实行集中关押后，南汇监狱制定了很多针对精神病犯的管理措施，从日常管理、行为规范、生活卫生等方面科学、合理地对精神病犯进行分类考核，使刑罚更具科学性。

更重要的是，南汇监狱充分发挥心理调节手段，对精神病犯进行心理健康教育和心理辅导、心理干预，首创"以治为主、管治结合"的管理模式，再辅以简单、安静且强度不大的康复性劳动项目，使得绝大多数精神病犯愿意参加康复性劳动生产。

蔡卫国称，目前南汇监狱在老病残管理方面具有实践和理论的双重支撑，不论在治监理念还是管理制度方面，都处在全国前列。自 2007 年以来，南汇监狱都会每年举办一次老病残罪犯监管改造工作研讨会，对特殊罪犯的管理、教育、矫治及罪犯医疗卫生、生活等方面不同于其他监狱的特殊难题，进行深入研究并提供理论指导。在十二年的实践中，南汇监狱在老病残罪犯监管改造工作研究中可谓硕果累累，超百篇次论文在《中国监狱学刊》《犯罪与改造研究》《司法警官学界》《法苑（上海司法行政研究）》等期刊发表、荣获市级（含）以上各项奖励。

如今，随着老病残罪犯数量的不断攀升，南汇监狱将扛起上海监狱系统"老病残罪犯监管改造一体化"的新挑战，逐步转型为病犯功能性监狱，以健全和优化上海监狱病犯集中改造体系，把监狱打造成依法治监的刑罚机关、中国监狱的文明窗口、病犯改造的科研基地，最终成为具有法治内涵的、病犯监管改造工作一流的功能性监狱，为全国建设病犯监狱提供"上海样板"。

别／样／的／人／生

第二章　改造心路

何以为家

文 / 卫佳铭

驱车穿越林海公路一路向北，来到城市的尽头，一排白墙红顶的建筑映入眼帘。这里是上海市南汇监狱。

从 34 岁到 50 岁，阿娟（化名）都在铁窗中度过。一身浅灰色的囚服，齐肩短发，一张素净、清瘦、未修饰的脸，透着温婉。就着这张脸，依稀可以想见她年轻时的风华。

十六年前的夏日，她被同居男友暴打到昏迷，醒来后，她把毒鼠强投入啤酒瓶中，断送了与她纠缠半生的男人的生命。

同居男友送医抢救无效死亡后，阿娟被判无期徒刑。

阿娟比较健谈，有着一定的表达欲，有记者来采访，她愿意讲述自己的人生故事。距离刑满释放的日子还有不到两个月，阿娟罕见地失眠了，她不知道出狱后，自己该回哪个家。

初　婚

距离上海两千公里外的四川绵阳，是阿娟的老家。她出生于贫瘠的大山深处，父母共养育了九个子女，最终成活的只有她和一个哥哥一个姐姐。童年的记忆伴随伤痛，在她印象中，哥哥很少展示出对幺妹的疼爱，被欺负萦绕在她整个年少时期。

19岁那年，有人上门说媒，邻村姓刘的人家有一小伙子正是适婚年龄，与阿娟年纪相当。没见一面，阿娟就嫁了过去。用她的话说，"当时根本什么都不懂"。

出嫁前，哥哥将她的身份证藏了起来，在当时，人头直接决定着分粮的多少，哥哥想为自己的小家庭多挣一份口粮。正是因为这样，阿娟嫁到婆家多年后，婆婆看她的脸色始终好不起来。

所幸的是，她和丈夫的感情很好，结婚后不久，女儿便出生了。回忆起前夫的时候，阿娟露出罕见的笑容，她总说，"我十九岁就跟他了，这辈子再也没有喜欢过别人。"

然而，女儿的出生却将阿娟本以为坚实的婚姻打破。为了支撑全家人的生活，丈夫远赴广东打工，留下妻女和老母亲。谈到婆婆，阿娟说的最多的词是"忍"。头胎不是儿子，婆婆不高兴，甚至连襁褓中的孙女都懒得看一眼，她忍了；丈夫外出打工，独自照顾女儿，婆婆从不帮忙，她也忍了。

很多时候，阿娟在身后背一个背篓，将女儿装在里面，再到田里做农活。四川多山地，把生活用水挑到居所也不容易，身上还趴着熟睡的女儿，走路一颠，水就撒一地。一回，她好不容易把半桶水挑回家，婆婆张口就怪她。即便如此，阿娟说，自己也从来没有顶撞过婆婆，甚至都不回嘴。

背　　叛

　　那段岁月里，她每天都盼着丈夫能够早点回家，再也不要出门打工了。1992年新年，阿娟感觉胃里一阵难过，她又怀孕了。按照当时的计划生育政策，这一胎是生不下来的。为了想要个儿子，阿娟挺着肚子跟随丈夫躲到外地待产。好在，天遂人愿，在东躲西藏间儿子呱呱坠地了。

　　一定程度上，儿子的降生改善了原本紧张的婆媳关系，只是压在丈夫肩上的担子更沉了。回到老家，屋子空荡荡一片，因为交不起罚金，无奈之下，丈夫不得不再度南下打工。

　　直到后来，阿娟才意识到这次分别已为她婚姻的破裂埋下伏笔。

　　一个人带大两个孩子的辛苦她已经记不起细节，只一件事，她至今如鲠在喉。因为儿子是超生的，到了上学的年纪，阿娟为给他报户口发愁。当时，她托人找到村里的一位办事员，每天去"磨"：有时候是抱着儿子哭诉乞求，有时候是她一个人跪在地上恳求，最后那人才终于松了口。

　　事办成了，流言蜚语也在村里传开，随着外出打工的人流传到了阿娟丈夫的耳朵里："一个女人带着两个孩子，怎么就把别人办不成的户口办成了？一定是跟人有一腿。"

　　这样的话，让阿娟感到委屈，但她从没有想过主动去跟丈夫解释，她以为丈夫对她会有同样的信赖，可是她渐渐发觉，丈夫虽然每月都往家里寄钱，但不再时常回家了。没法，1996年，她带着儿子也跑到上海打工。这一去才发现，原来丈夫在外面已经有了人。

1998年，丈夫和新欢、儿子一起回了老家，阿娟不吵不闹，依旧留守在上海工作，每月把挣到的钱寄回老家。"不管怎样，我们还有孩子啊"，她不理解，想挽回一个人不能只是默默地对他好。

强　　奸

也是在这段时间里，彻底改变她命运的男人出现了。当时，阿娟在上海浦东川沙的一家工厂打工，旁边的工地上有一个叫阿强的小伙子时常跑来看她，跟她搭话。

直到今天，阿娟还能清晰地记得阿强的长相：大高个、浓眉大眼，长得很俊。起初，她只把这个比她小几岁的男娃当作弟弟，直到某天，工厂突发停电，阿娟早早下班了，回出租屋的路上她远远望见阿强在路口等她。

阿强看见阿娟，跑来向她表白。听到"耍朋友"三个字，她撒腿就跑，躲进了工厂老板娘的房间里。求爱失败并没有让阿强气馁，他继续狂热地向阿娟表达，一次又一次。直到某天，失去耐性的阿强对她用了强。

强奸？当时阿娟脑子里完全没有这个词，只是回忆起第一次被阿强侮辱的时候，她眼中噙着眼泪。当时在上海无亲无故，她只得求助老板娘。老板娘往她手里塞了三百块钱，送她上了一辆大巴车。

然而，车子驶向的终点却是阿强的江苏老家。被带到阿强的老家后，她被软禁在一间卧室中，不到十平米的地方，吃饭、睡觉、上厕所全都在里面。

将近一年多时间里，阿强从不肯让她踏出房门，唯独在村里人前来拜访时，他才把她带出去，给邻人介绍自己的"妻子"。没有人怀疑，也没有人问起阿娟的名字，只知道大龄未婚的王家二儿子从上海带了个媳妇回家了。

和阿强单独相处，是阿娟最痛的记忆。起初，她也想过逃跑，但每次都被阿强追上，回去后，就是一顿暴打，而且一次比一次更狠。她自己能说上来的情形是，阿强扯住她的头发，用脚狠狠地往她背上踩，往身上踢。

逃　　跑

坐上离开上海的大巴时，阿娟随身带着打工攒下的一千块钱，被软禁后，害怕被发现，她把钱塞进鞋底作为"逃跑计划"的储备金。

最接近成功的一次，她跑回了上海。那天，她哄骗阿强要出去上厕所，一出门，阿娟直奔开往县城的中巴车站。卖票的看到她从鞋底拿出一百块钱，人头都已被磨得模糊不清，忍不住好奇地对她上下打量。

车开出乡镇的一霎，阿娟觉得自己终于自由了。她坐长途车回到上海打工的工厂，问老板娘讨回了之前尚未结清的工钱，刚想买票回四川老家，不料，阿强追来了。

又一次被带回江苏后,她发现自己怀孕了。9个月后,阿娟产下一名男婴。儿子的降临让她和阿强的关系有了前所未有的缓和,打骂少了,阿强甚至将自己早年曾因强奸女性被判刑的事也说给她听。有了之前几次失败的逃亡经验,阿娟强制隐藏住内心的恐惧,装作平静地跟阿强生活。

2001年,又一次机会来了。彼时,打拐行动来到江苏,阿娟再次趁着阿强午睡的机会逃了出来,她跑到乡里的派出所向民警报案,请求被解救。办案民警都有些懵了,他们第一次知道,王家媳妇原来是被拐带来的。民警好心,让她留下老家亲人的联系方式,阿娟拿起笔,给丈夫写了一封信,希望他能带人把她接回去。

睡醒的阿强很快发现阿娟再度逃跑,追到了派出所,被办案民警拦下。阿强没招了,回到村里召集了王家的女眷一起去派出所说情,想劝她回心转意。隔着派出所的墙,阿娟听到了小儿子的哭声,心又一次软了。因为"出逃"几日,饿着肚子的小儿子哭得满脸通红,阿娟狠不下心,走出了派出所。

远寄四川的求救信,换来了一张法院的传票,丈夫以她离家数年并与其他男人生育一子为由向她提出离婚。最终,19岁开始的婚姻在一记法槌声中宣告落幕。当时,民警将她送回了四川,阿娟来到前夫家中,希望能带走两个孩子,但因为多年不在一起生活,小儿子竟跟前夫后找的后妈更亲近。

入夜后,山里下起大雨,大女儿抱出从前她盖的一床被子给阿娟,阿娟淋着雨在前夫家门前呆呆地站立了几个小时,却始终没有人出来看她一眼。眼看天快亮了,她抱着被子,踩着泥泞的山路，独自离开了。

杀　人

失去了和前夫生的两个孩子，阿娟觉得不能再失去另一个。她做出了惊人的，也是彻底改变她命运的决定：回到阿强身边。

"我只想跟他好好过日子，把孩子养大。"时隔多年，当被问起是否后悔当初的决定，阿娟仍然奋力地摇头，"为了孩子，为了这个家，我什么都愿意。"

只是，阿娟想要的家，并不是阿强能给予的。两人重新在一起后，他们带着孩子一起回到上海打工。好景不长，只要一碰酒精，阿强的拳头就会再度挥向她。

2003年7月7日傍晚，阿娟和往常一样，在出租屋里准备当天的晚饭。她记得那天她煮了面条，还炒了一盘青菜。忽然，"啪嗒"一声，家中的门被撞开，阿强醉醺醺地晃进屋子，正在吃饭的儿子被吓到，夹面的筷子落到地上。这一下激怒了阿强，他把儿子抓到大腿上打，阿娟听到儿子大哭转身一看，白净的小脸上鼻梁处裂出一长条血痕，是筷子划的。

阿娟无法再忍耐，为了救儿子，一向不还手的她向阿强扑了上去。这次反击换来的是一顿暴打，阿强拖着阿娟的脚在屋子里打转，还把她的头往床沿上撞，直到她眼前一黑，昏了过去。

等到阿娟再次醒来的时候，已是半夜。阿强已经在床上酣睡，她倒在床边，儿子像小狗一样团在她的脚边。那一刻，过往的记忆像电影闪回一样涌入脑海："如果不是这个男人，前夫就没有理由跟我离婚；如果不是因为当初选择回头，孩子也不会遭受毒打。"

日积月累的眼泪在顷刻之间爆发，她第一次想到了"死亡"和"解脱"。阿娟找出了家里的老鼠药，倒进一瓶啤酒中，想就此了结自己，瓶子举到嘴边，儿子忽然醒了，哭着说"妈妈，爸爸再也不会打你了"。她放下酒瓶，紧紧地把儿子揽入怀中。

谁知，儿子的话竟然一语成谶。阿娟至今无法想通，这瓶曾经想拿来了断自己的酒如何成了她杀死阿强的证据和武器。自杀未果，她把酒瓶藏到了床底，混入一堆空酒瓶中，想继续被打的生活。

7月8日下午，她在工厂上班，公安找上门来，带来了阿强在家中中毒的消息。阿娟随即被带至看守所，当时办案的人跟她说，阿强在医院治疗，情况有好转，只要她认了，就能放她回去，两人好好生活。

起初，阿娟一直坚持自己没有故意下毒。日子一天天过去，她越发担心儿子在外面的处境：爸爸在医院，妈妈在看守所，谁来照顾他？

被带到看守所大半个月后，管教传来了阿强抢救无效在医院死亡的消息，阿娟再度崩溃。一场为期数年的纠缠终于以如此极端的方式结束。她的脑子一片空白。

不久，她以故意杀人罪被判处无期徒刑，关押到上海市女子监狱服刑。

坐　牢

刚刚穿上囚服的那段时光，阿娟始终无法想通，她觉得自己的命太苦，每天躲在监室内流泪，以至右眼失明。杀人的消息传到老家，哥哥嫂嫂觉得这事儿丢了家人的脸面，也从来没有到上海看过她。跟着前夫生活的两个儿女，一样音讯全无。看着阿娟日渐消沉，当时的主管民警王燕虹定期找她谈心，还想办法联系她的家人。

有一桩事让王燕虹至今记忆犹新。那是阿娟刚移押到南汇监狱的夏天，有同监室的女犯向王燕虹报告，说阿娟用水太多，影响了监室其他人。经过谈心，王燕虹才知道，没有家里人寄钱，阿娟没有钱买卫生用品，例假弄污了裤子，只好不断地用水清洗。

得知情况后，王燕虹向监区汇报了这个情况。通过监狱职能科室多次与四川当地司法部门沟通，终于联系上阿娟的家人，从那之后，每个月都有一包从四川远途寄来的卫生用品送到阿娟手中。王燕虹说，"已经尽力了，她家里的经济情况不太好"，但对阿娟而言，却已经是莫大的满足。

在南汇监狱七监区，和阿娟一样遭受过家庭暴力的女犯还有多人，但她们大多不愿意提起往事。当被问起是否对阿强还有恨意，阿娟再度沉默，抬头时，她很确定地说出："没有。"

服刑改造的这些年里，阿娟曾不止一次地梦到阿强，梦到前夫，梦到她生的三个孩子。十几年里，阿娟的女儿曾经给母亲来信，说到自己的情路波折，阿娟也感到自责，总觉得是自己拖累了女儿。如果时间能倒流，她说自己绝对不会再做傻事。

阿娟说，自己最大的遗憾就是年少时没有多读书，学点法律，以至于遭受暴力时根本无从知道正确的反抗方式，一步退让步步退让，才酿成了无法挽回的后果，"害了自己，更害了死去的人和无辜的孩子。"

在南汇监狱服刑期间，她有空就会去图书室书架上借书读，所读书籍一半是关于法律的，一半是关于家庭生活的。从前在外面的生活没有教会她的东西，她想在这里补上。

回　　家

因为狱内改造表现良好，经过数次减刑，阿娟的刑期缩短至 2019 年 7 月下旬。刑满释放的日子近了，阿娟却开始失眠了。阿娟现在的主管民警杨晓丹清楚，出去之后，户口往哪里落，是她的一块心病。

哥哥嫂嫂一直不待见她，和前夫所生的儿子早已不认她。可以寄望的只有女儿和小儿子。然而，阿娟与阿强所生的儿子早在 2008 年夏天的一场水灾中走失，下落不明。当地派出所给出的说法是，小男孩被水冲走，压在石板下，人已经没了。阿娟始终无法相信。

和前夫所生的女儿曾来信，希望她出狱后别回四川老家，直接去福建（女儿现住处）投奔她，她害怕村里人会"说闲话"。敏感的阿娟对着信看了良久，忽然蹦出一句话，她希望出狱后能留在上海，哪都不去了。她害怕有一个囚徒母亲会影响女儿的生活，"她一直都不容易，我不想给她添负担了。"

阿娟说，她用了半生的时间渴望拥有一个稳定、安乐的家，可年过五十，却依旧无处为家。往后的日子，她只想靠自己的本事，找个工作，平平淡淡地过完。

藏在拐杖里的 200 粒安眠药

文 / 卫佳铭

72岁的李龙全（化名）团在轮椅中，双手微微颤抖，眼神坚定而深邃。50岁那年，他患上肌萎缩侧索硬化（ALS），成为一名渐冻人。在和疾病交手的数年中，昔日的大学老师从三尺讲台一步步迈入高墙。他说，如果当初不那么急切地想挣钱治病，能对利益再多一分抵抗力，或许就不会走到这一步。

现在，李龙全在南汇监狱一监区是有名的文艺骨干，帮同监区的罪犯讲解文化知识、利用特长编排文艺汇演小品，甚至还能协助主管民警调停小范围的纷争。如果不提，没人会相信，就在半年前，他曾想过吞服安眠药自杀。

病　发

自从李龙全进入南汇监狱的第一天起，主管民警严一枫的心就悬着。按年纪论，李龙全算得上是父辈；论学识，入监前李龙全曾是大学老师，教过的学生比他管教过的罪犯还要多。如何跟他建立信任并且带领他改造，对严一枫而言，是不小的挑战。

入狱最初的一周里，李龙全因为牙刷摆放的问题跟同监舍的罪犯起了纷争，吵得面红耳赤，事后回想时，李龙全用"浑身戾气"来形容当时的自己。

在与李龙全最初的几次谈话中，严一枫发现，老人的眼神总是在躲避，不敢跟他对视。从警九年培养出的敏锐告诉他，李龙全的心态一定出了问题。可究竟是什么，严一枫一时也拿不定主意。

自 2007 年起，南汇监狱集中关押老病残罪犯。相比年轻罪犯，老年犯的患病风险更高，且患病情况更为复杂。相关资料记载，平均每名老年犯都患有三种以上的慢性病。他们的心理状态也更加受到监狱民警的关注。

李龙全身患肌萎缩侧索硬化，高血压 II 级，在入监前曾做过支架手术，他常年乘坐轮椅，生活不能自理，身体状况并不乐观。

2018 年 8 月 29 日，李龙全突发心梗，昏厥在监室内。现场执勤民警立即将其送往监狱总医院抢救。当时李龙全已进入休克状态，情况危急，严一枫得知这一情况后立即赶往总医院抢救室，了解其病情。

但李龙全年逾七十，父母和妻子都已离世，唯一的女儿也在 2011 年日本福岛地震中失联，拿着总医院开具的病危通知书，没有任何亲属，后续的治疗无法安排。情急之下，严一枫想到了李龙全曾提到过他的"老伴儿"，在监狱外的女朋友，立即翻阅档案，找到了联系电话。

在办公室里,一个接一个电话拨出去,却总是无人接听。严一枫不放弃,一直拨到第十一个,电话那头才传来了一声犹豫的"喂?"

"你好,我是南汇监狱一监区李龙全的主管民警,他现在正在医院急救。"话音未落,那头的女子已经有些慌了,立马询问了李龙全的病情,火速赶到监狱总医院。所幸,李龙全抢救非常成功,很快转危为安了。

躺在病床上的李龙全从昏迷中苏醒,看到"老伴儿"坐在身边,他几乎不敢相信。这是入狱后两人第一次见面,他激动地落下了眼泪。

坦　　白

病情稳定可以出院了,李龙全被接回了南汇监狱。他主动找到严一枫,表示想要"聊一聊"。严一枫有种预感,某些东西正在发生变化,"当时心情还是有些忐忑的。"

只有两个人的谈话室内,李龙全颤抖着从衣服口袋里掏出一张起皱的白纸,递到严一枫手中。严一枫小心地打开,映入眼帘的是"遗书"二字,他的心忽然一紧。

"这是我入监前就准备好的,严警官,被您收走的拐杖里有200多粒安眠药,现在我把这个秘密告诉您,谢谢您们救了我两次,接下来的时间我会认罪服法,好好改造的。"李龙全边说边抹泪。严一枫这才松出一口气。

更令严一枫吃惊的是,凭着直觉收走的拐杖里,真如李龙全所说藏了 200 多粒白色药丸，经检验确有安眠药成分。早在入狱之时，李龙全就已经将 200 多粒安眠药藏在拐杖的手柄中。为何轻生？李龙全说自己承受不了心理上的落差。

和监狱中大部分的老年犯不同，李龙全上过大学，有文化，是地地道道的知识分子，出生于上海一文艺世家。年轻时，他在上海某学校担任教职，给学生们传授表演、戏曲等多门课程，直到五十岁那年不幸罹患渐冻症。

"当时感觉天要塌了"，李龙全说，他花了很长时间去适应轮椅上的生活。患病之初，时值二十世纪九十年代末，当时每个月的药费就要五六千元。为了缓解家庭的经济负担，李龙全在家里开设表演培训班，挣钱补贴家用。因为授课生动，来他家里上课的学生络绎不绝，李龙全也渐渐找回了生活的信心。

某天，一位从前的学生上门拜访，说起自己即将移民海外，想把手头的一桩生意介绍给李老师。所谓的生意，其实就是倒卖各大奢侈品牌的高仿手表和箱包。李龙全接受过高等教育，知道这么做是违法的，但学生描绘的高额利润让他心动，为了多挣一点治病钱，他决定铤而走险。

因为常年坐轮椅，出行不便，李龙全专门花钱雇人出货，2017 年的一天，他和往常一样安排雇工去发货，那天恰巧有一队城管人员巡逻检查，发现一大摞黑色垃圾袋包裹的货物，执法人员起了疑心。雇工被警方带走后不久，李龙全也随之落网。最终，他以诈骗罪被判处有期徒刑三年。犯罪的消息很快传到昔日的同事和门生耳中，大家都为他感到惋惜。李龙全觉得面子上很挂不住，同时他自知身体不好，担心自己能不能活着走出监狱的大门,由此起了轻生之念。

  不过,令李龙全没有想到的是,他的心思早已落在严一枫眼里。给李龙全办理入监手续的当天,严一枫听到他对看守所的民警嘟囔了一句"你可能是最后一个办我这个案子的人了",这话让严一枫感觉疑惑,尤其是他在收走拐杖时的焦急眼神,谈话教育时的闪烁目光,随即对李龙全的言行举止格外关注。

  "两种对立身份间建立信任,如同搭建纸牌屋","把点滴的感激,汇成感化",在严一枫看来,对某些罪犯的重点关注,其实是为了保障更大范围内的安全。只是,这些幕后的故事,李龙全从来不知道。

  他感激地说,"如果不是严警官连打十一个电话不放弃,我这条老命早就不在了。"

"等你回家"

  重新端正了改造态度后,李龙全和同监舍罪犯的关系也开始变得融洽。他时常帮助学习上有困难的罪犯读书、写字,同时发挥自己的文艺特长,协助排演文艺汇演的节目。有时候也会像长辈一样劝解年轻罪犯之间的纷争和口角。

  严一枫看在眼里,欣慰在心里。但他知道,有一件事,李龙全始终放不下。

  按照监狱的会见规定,一般是亲属才可以前来会见。但李龙全的情况特殊,在上海唯一亲近的人只剩下女朋友。当收到李龙全的会见申请,希望能破例允许他的女朋友以家属身份前来会见一次时,严一枫觉得,有了"老伴儿"的鼓励,李龙全的改造状态或许会更好。会见申请要经过监区、监狱审批,但在严一枫心里,他觉得应该这样做,"改造不应该只是死板的管教,而是用真心换真心的感化,我愿意赌一把。"

会见当日,严一枫亲自推着轮椅送李龙全到会见室,看到等候已久的"老伴儿",年逾古稀的老人像孩子一样大哭起来。这次来之不易的会见对李龙全来说意义深远。之前,"老伴儿"曾来信说自己做了青光眼手术,李龙全总是放心不下,不知道手术成功与否,整夜在床上辗转反侧。看到"老伴儿"好好地出现在他眼前,一颗悬着的心终于安定下来。

"你好好改造,我在外面等你回家。""老伴儿"的这句话,李龙全铭记在心里。他说,自己是经历过时代动荡的人。少时,父母因为成分原因被下放五七干校,他也差点因此遭受牵连,被迫改姓。当时,父亲在动荡中殒命,他对执法机关带着天然的恐惧和反感,没有想到在人生进入下半场的时候,自己也会因为贪念沦为阶下囚。但在南汇监狱经历的一切,让他放下偏见,重新认知,"感恩政府,感谢警官没有放弃我。"

高墙内的"面点师"

文 / 宋蒋萱

每 2 千克面粉配 50 个鸡蛋,可以做成 100 个凤梨酥。姜云(化名)把鸡蛋打碎后拌匀,把晶莹的蛋液和白色面粉放入搅拌机里。

不一会儿,制作凤梨酥的基础材料就完成了。姜云把黄白色的面团揉成条状,再切成段,擀皮,包入黄色的凤梨馅儿,放入烤箱烤制 20 分钟,简易版凤梨酥就出炉了。

这些凤梨酥是上海市南汇监狱封斋期间,供给少数民族罪犯的一种点心。而 1988 年出生的姜云,也是高墙内的一名罪犯。

2018 年 5 月,姜云因犯诈骗罪移押到南汇监狱,改造期间在炊场进行劳役,参加了中式面点师技能培训后,成为高墙内的一名"面点师"。在此之前,他还从未接触过面点制作。

对姜云来说,"对自己服刑是一个比较负责任的态度"。

姜云的主管民警丁振华见证了他的转变:从刚入监时的低落、焦虑,转而变得平稳、向上。除了面点师培训外,姜云还参加了自学大专班学习,2019 年 4 月,他获得了行政奖励监狱表扬。等待着他的刑期还有五年多,"这么多年,总得学点什么,不能荒废了",姜云说。

入　狱

姜云出生于1988年,是地道的北京人。入狱之前,他是一个小有成就的餐饮店老板,按他的话说,"事业正处在上升期"。

2012年,姜云开了一间海鲜烧烤餐厅,餐厅占地约300平方米,租金仅一年就需要100万元,再加上装修、人员等,前期姜云一共投入了240多万。

初期,海鲜餐厅一直赔本运营,餐厅服务员和后厨共计九个人,加上食材和货品的开销,餐厅一天的营业额达到七千元才能保本。姜云明白,做餐饮行业前期立刻实现盈利是不现实的,将餐厅良性运营下去,才有回本和后期盈利的可能。

因餐厅占据地段优势,每天客流量很大,开店满一年十个月的时候,餐厅开始盈利,姜云的事业也走上正轨。姜云还记得,当时忙碌而充实,一切似乎都在朝更好的方向发展。

命运的转向出现在2015年。当年,姜云谎称自己有能力为已被吊销营业执照的某公司恢复营业执照、变更公司法人,虚构自己与某领导相熟,使对方信以为真,先后骗取了对方"办事费"近40万元。

对方报案后,2015年年底,姜云被抓获归案,餐厅也因此关停。2017年年底,他被判诈骗他人财物,数额巨大,构成诈骗罪,被判处有期徒刑八年,羁押日期折抵刑期后,他的刑期将至 2024 年。

2018 年 7 月,他被移押到上海市南汇监狱服刑。

从一名小老板沦落至阶下囚,摆在姜云面前的,是无法回避的现实差异和难以调和的心理落差,"心态不好,我自认为在社会上也不算是作恶多端,却每天和杀人犯、毒贩呆在一起"。

改 造

监区里关押的多是老年罪犯,而姜云年轻气盛,性子急,心态不稳,时常会和其他罪犯发生口角冲突。这一切都看在主管民警丁振华眼中。

通过多次谈话,丁振华了解了姜云的牵挂和焦虑。姜云的父母退休后身体不好,加之他入狱后仍遗留有民事官司,自己却对法律知识不甚了解,担心难以应对诉讼,拖累父母;另一方面,姜云心理出现巨大落差,对未来期待模糊,且南北的文化、饮食差异直接对他的适应力产生影响,与其他罪犯关系不佳,又进一步对他的改造产生负面影响。

为了疏导姜云,丁振华逐一为他解答法律问题,并指导他与狱内同犯相处。同时,通过鼓励他与父母通信、电话、会见,减少他对家人的挂念和担心。

除此之外,监区安排姜云到炊场进行劳役,协助供应全监狱的伙食。在炊场劳役,姜云属于主食加工组,主要负责馒头、花卷、包子、米饭等主食的供应。

"就像在餐厅打工一样，开始的时候先打打杂，洗碗、擦桌子，最后才上手烹饪"，姜云说，在炊场找到了一些熟悉的感觉，"找回了自己"。

回看自己的改造生活，姜云把炊场劳役看作一个转折点。"之前一直在荒废，有时候根本不知道自己在干嘛，去炊场以后，发现能学到很多东西，包括与人沟通、交流的方法"，姜云说，"我刚到这儿的时候和别人吵架，人际关系不好，因为有心理落差感。而现在不一样了，做好我自己，寻找和每个不同的人不同的相处方法。"

在炊场，姜云重拾了自信心和成就感。此后，他在主管民警的鼓励下，又报名了中式面点师培训。

中式面点师培训是南汇监狱结合罪犯改造实际情况和社会实际需求做出的项目选择。在培训中，老师会结合面点行业市场前景、就业情况进行介绍，监狱从劳动改造效果、技能学习要领、回归社会意义等角度进行针对性教育。

中式面点师的培训为期三个月，培训科目分为理论学习和实践操作，每周培训两次。实践课就设在监狱的炊场里，老师会结合自身多年的教学和实践经验，从做面点的原料选择、基本技能操作等方面对面点的制作进行示范和详细讲解，并就大家提出的问题，一一作解答。

培训班参与两次后，姜云就可以独立制作简单的面点。姜云还记得自己第一次成功烤制蛋挞的情形，烤熟的酥皮呈金黄色，酥皮包围着的鸡蛋表面虽然有些焦糊，但芳香四溢，入口甜软，他第一次在监狱中体会到了小有成就的感觉。

姜云在制作凤梨酥

罪犯学习制作
的凤梨酥

未　来

随着培训的深入，他逐步掌握了凤梨酥、桃酥饼等的做法，每逢中秋时节，他还和炊场同犯一起给大家制作鲜肉月饼。

如今，他对一些面点的操作可谓是烂熟于心：蛋挞要烤20分钟，面粉和鸡蛋、苏打的配置比例多少，烤制时烤箱上火和下火温度不一样，烤箱前部和后部的温度不同，需要精准掌握烤制的时间和火候……入狱前从未接触过面点制作的他，现在可以对每一个步骤和注意事项一一道来。

"只要他们不说难吃就好了",说起自己的手艺,姜云腼腆地笑了。

提起未来,姜云并未多做犹豫。他说,出狱后可能还会从事自己熟悉的餐饮行业,也可能与面点相关,"在这里多学的一项技能,可能是我以后的一碗饭",姜云的语气很坚定。

2019年6月,姜云参加了在南汇监狱举办的中式面点师执业资格考试,不出意外通过的话,他可以取得由国家人力资源和社会保障部颁发的《中式面点师职业资格证书》。

除此之外,他还参加了南汇监狱组织的大专培训班,并抓紧时间阅读金融、市场管理类的书籍,以期提高自己的知识水平和能力,为未来做好准备。

姜云尤其记得主管民警对他的教导和鼓励,"警官和我说,能学到手的东西就掌握在自己手里,来这里这么多年,总得学点什么,不能荒废了"。无论是从家庭现状,还是改造情况和未来期许,民警都为他提供了行之有效的意见和建议。

主管民警丁振华对姜云的转变感到欣慰。他记得,他不止一次鼓励姜云面对现实,直面身份的转变,把刑期当学期,在大墙内积蓄能量,抵消自己的恐慌,战胜自己的焦虑,为不可预测的未来做好准备。

2019年4月,姜云因在监狱内的良好表现获得了行政奖励表扬一次。

接下来等待着姜云的,是尚有五年多的铁窗生活,姜云决定继续以"负责任"的态度面对它。

别／样／的／人／生

第三章　攻心难题

高墙内的心理健康教育

文 / 宋蒋萱

房间约二十平方米,四周被暗红色材质的软包覆盖,地上盖着米色地毯,四名罪犯脱了鞋,依次穿门而入。

朱光(化名)举起右拳狠狠砸向摆在房间里的一个人形沙袋,皮质沙袋发出"乓"的一声闷响,应声摇晃起来,朱光又一脚横踢过去,细密的汗水从他的额头渗出来;另一边,傅强(化名)在一台一人高的智能呐喊仪前,放开嗓子大叫,"啊——啊",脖子上青筋根根凸起,待声波消散,机器中传出一个声音"真棒,要不要再喊一次?"

这是设立在上海市南汇监狱内的心理宣泄室,有心理发泄需求的罪犯可以通过申请,进行发泄治疗,心理宣泄属于罪犯心理健康指导室(下简称心康室)的心理矫治内容之一。

心康室,主要负责对罪犯进行有计划、有组织,系统地普及心理健康常识与心理调节方法,维护和促进心理健康发展的教育活动,是监狱教育改造工作的重要组成部分。罪犯心理健康教育工作要遵循心理学原理和罪犯思想改造、心理发展规律,普及心理健康常识，促进罪犯身心健康，促进监管安全稳定，促进教育改造工作质量的提高。

通过投射测验，洞悉罪犯心理

汪承诺自 2007 年南汇监狱成立时即调来工作，目前担任心康室主任一职，是二级心理咨询师。十二年来，他见过形形色色的罪犯，成功治愈了他们各式各样的心理问题。

至今仍令他记忆犹新的是约五年前遇到的一名罪犯陈某。陈某因故意杀人被判处死缓，限制减刑，患有多种疾病，不能说话、双下肢萎缩，需坐轮椅行动。入监后，陈某多次流露出自杀倾向，并以绝食等方式来抵抗改造。监区将陈某的情况反馈给心康室后，汪承诺开始尝试与陈某沟通。

因陈某丧失发声能力，汪承诺与他只能通过书面进行"对话"。汪承诺还记得，第一次见面时，陈某带了厚厚一摞纸，上面记载着他的生活日记、心理活动等，汪承诺发现，陈某具有很复杂、很强烈的表达欲望，但不轻易向人敞开心扉，将自己的想法完全封闭在内心。

汪承诺先运用房树人心理投射测试，以初步了解陈某的内心活动。房树人测验是心理学中人格测量方法之一，用于探索个体心理深处的活动。受测者只需在一张白纸上分别画屋、树及人就完成测试，这三者有互动作用，例如从屋及人的位置与距离都可看出受测者与家庭的关系。这种方法被认为有利于信息收集与鉴别诊断，可以帮助罪犯释放情绪整合自我，并能增进咨访关系的建立，突破咨询与干预的瓶颈。

从心理学角度来说，整幅画的分布、线条粗细、房子的画法，比如房子有没有窗户、有没有门、线条是否尖锐，都可以在一定程度上解释罪犯的心理活动状态。汪承诺始终没忘记陈某第一幅房树人的画面——房子很小，位于左下角的角落里，三角形的尖房顶，有一根烟囱矗立于上，没有门，没有窗，画面其他位置则空无一物，"从画面布局来看，这表明他对未来没什么想法，烟囱和尖锐的屋顶象征着性格冲突，没有门窗，则意味着他抗拒沟通。"

随后，汪承诺与心康室、陈某监区民警一同商议，为陈某制定了一套心理调适方案，汪承诺当时每一至二周就与陈某见面谈心，慢慢的，陈某不再抗拒沟通，而是逐渐通过书面沟通，将自己的心声吐露出来。

随着他心门的逐渐敞开，陈某的房树人测验也发生了变化——房屋从画面左下角逐渐移到画面中心位置，表明他已逐渐从过去的泥沼中脱离出来；房屋变成了平顶的，烟囱消失了，出现了门，又出现了窗户；画面不再空无一物，房屋的门前出现了草地和人，一切都表明他的攻击性在降低、防备心在减轻。

随后，监区通过培养陈某在非遗项目制作、绘画方面的兴趣，改善了陈某严重的睡眠障碍。陈某在后期的治疗中，逐渐改变心态，甚至可以站起来缓缓走路。

在南汇监狱心理治疗室中，设有可以计算压力值的生物反馈仪，仪器可以根据罪犯的生物信息，评估其压力指数，并给出相应的治疗方案；同时还设有音乐放松仪，对于压力指数较高的罪

心康室民警在组织进行心理团训

犯可以进行音乐疗法，让其在适当的音乐节奏中获得放松，在改善睡眠方面尤其有效。

除此之外，心康室不仅设立有心理治疗室，还有宣泄室及沙盘游戏室。罪犯可根据自身情况，在监区对其压力指数评估后，前往宣泄室进行发泄，如击打沙袋、大喊等方式。

对于一些不愿表达的罪犯或聋哑罪犯，可以进入沙盘游戏室进行沙盘疗法，一方面可以在沙盘的摆放过程中投射出内心的想法，同时，摆放沙盘的过程本身也是疗愈的过程。

通过心理咨询，建立平等的咨访关系

心康室是开展心理矫治工作的职能部门，任务是普及心理健康知识，开展心理健康辅导工作，针对罪犯遇到的心理问题或疾病，感到苦恼、烦闷又无法解决时，由专业人员运用专业知识和治疗手段设法消除他们内心的疑惑、烦恼或痛苦，为需要帮助的罪犯提供心理援助。

在刚入监及即将出监的两个阶段，罪犯较容易出现心理问题。

刚刚进入监狱后，罪犯可能产生对监狱生活的不适应，并出现与他犯相处不好，难以较好地处理人际关系；也可能出现不敢面对现实，对前途悲观等消极心态；当面对在大墙外的家庭变故时，陷入消沉、低落、躁郁等情绪。

而在即将出监的阶段，罪犯也常出现心理问题，需要进行心理辅导和调适。一般在这个阶段，罪犯出现对回归社会的忐忑，出现自卑与自尊、放松与约束等心理冲突，还有可能存在悲观、报复、无所谓等不良心理表现。

汪承诺称，在这期间，心康室会通过心理测评、心理咨询、团训、常识教育、宣传教育等方式，引导罪犯正确认识和适应环境变化，正确评价和认识自我，理清头绪，正确面对困难。

"100分的咨询，70分靠咨访关系"，汪承诺称，咨询者和来访者的关系是心理咨询的基础，也是影响咨询效果的最重要因素，是一种"职业的、平等的、亲密的、具有治疗功能的"心理帮助关系。

在监狱中的心理咨询师，有时需要脱下警服身着便服进行心理咨询等工作，还需要从心里忘记自己的警察身份。"罪犯愿意相信你，可能就愿意对你说心里话，你才有可能进一步深入他

（她）的内心，去做调适和治疗"，汪承诺说道。

此前，罪犯李某因故意杀人罪入狱后，多次采取自伤自残行为，对抗民警的管理教育。李某还拒绝与他人交流，没有家人来探望李某，他也没有主动与家人联系。看到身边的罪犯给家人写信、打电话，以及会见，他神情淡漠。对此，心康室民警安排他参与"生命线"心理团训，引导他对自我进行理性的觉察、认识和反思，帮助他正确认识遇到的消极、负面情绪，引导他建立积极、乐观的人生态度。同时监狱以开放日活动为契机，主动邀请李某的家人来监，利用亲情帮教对其进行规劝，见到亲人的李某，曾经冰冷的态度有了变化。

最终，民警以情绪疏导为抓手，及时介入，通过亲人的劝慰化解李某心中的坚冰。经过一段时间的努力，李某服刑情况有了明显改善。经过民警不断地教育管理，李某从之前的一名以绝食、自残为家常便饭的罪犯，转变为一个安心服刑、认真改造的罪犯，他对自己曾经的"无知"表示惭愧，表示将继续认真服刑，争取改掉身上的坏毛病，成为一个合格的公民，早日回归社会。

"以心理疏导为抓手，同时借助亲情力量来帮助罪犯改造。"这是汪承诺在多年的工作中，得出的宝贵经验。

经心理咨询而改善罪犯心态的例子数不胜数。身患残疾的张某，因贩毒入狱后，其妻子要求与他离婚。他认为是家人将他无情抛弃，对余生充满悲观情绪，内心痛苦万分，情绪时常躁郁，他常因一些琐碎的事与其他罪犯争吵，甚至动手，不时向身边的罪犯挑衅，甚至发展到对抗警官的管教。在监管改造场所，对于违反监规纪律的罪犯都会受到严肃的处理。于是,对抗管教的张某被关进了禁闭室。

其间,监狱民警采取宽严相济的管理理念,对禁闭室里的张某耐心地说服教育,并帮助他与家人进行沟通。最终,他逐步能够面对现实,认识到自己的违纪行为是错误的。

走出禁闭室,张某发现妻子带着孩子改嫁了。心情抑郁的张某辗转反侧,难以入眠。民警发现他的情绪异常后,带他去心康室进行心理咨询。心康室民警对他进行了情绪疏导,帮助他逐步走出心理阴霾。谈心室内,张某告诉警官自己的改造计划和回归后的打算,警官给予他积极的鼓励和中肯的建议。

除了心理咨询外,"心理团训"也是调节罪犯心理健康的手段之一。心康室会在固定时间组织监区罪犯进行团队心理建设活动,以加强人际关系,重建罪犯自信心,树立彼此信任的积极心态。

在2019年5月的南汇监狱开放日中,心康室民警身着黄色短袖,与15名罪犯共同为罪犯家属展示了一场别开生面的"穿越火线"心理团训活动。

在该活动中,把纸片等物摆放在地上当作障碍,先由两名罪犯当作引导员,通过语言指导闭着眼睛的罪犯穿越障碍物,以此培养罪犯的表达沟通能力,调节人际关系。

除此之外,还有培养团结协作精神的如"诺亚方舟"心理团训活动,要求罪犯以8—10人为一组,在尽量少的垫板上站最多的人,并保持三秒为胜利,让罪犯感受团结的重要性。

"穿越火线"心理团训

探索运用数据分析开发罪犯心理矫治项目

随着"大数据"理念在各领域的运用,南汇监狱也将"大数据"运用到心理矫治项目中去,探索开发罪犯"心理晴雨表"矫治项目。

监狱专门成立了以监狱领导为组长、心康室为主体、矫治师为主要成员的项目组,主要负责项目设计、制度订立、日常维护和检查指导工作,为整个项目提供组织保障。为方便罪犯将每日心情以直观、形象、易懂的方式表达,项目组重新设计了定置管理牌和"心情卡片",在原有姓名、番号、罪名、床位号等基本信息的基础上,增加"心理晴雨表"一栏,为整个项目提供了硬件保障。项目组还专门制定项目推进方案和"心理晴雨表"管理使用规定，明确了狱政管理科、教育改造科、生活卫生科、信息技术科、监区等部门的具体责任分工，为整个项目提供了制度保障。

项目组依托心理矫治三级网络架构分配任务，由心理互助员每日记录罪犯的"心情卡片"、心理辅导员每月负责录入电子数据，心康室负责每季度开展数据的统计分析，各环节紧密衔接，通力协作，为准确有效了解罪犯情绪状态打好基础。为使"心理晴雨表"项目发挥实效，项目组将其与监狱星级罪犯生理心理预警联动模块有机结合，整合并入罪犯"一卡通"系统，对情绪不稳定的罪犯进行实时反馈，做好预警防控措施，确保监管安全。监狱将此项工作纳入日常管理考核之中，以日检查、月考核，季督导的形式，促使工作落到实处。

汪承诺亲身感受到了近几年工作方法的变化，他说，此前心理咨询更多的是依靠经验，如今则依靠科学手段、工作量表，将罪犯的心理状态加以量化，可以更加直观地看到矫正效果。

此前，心康室基于多年的管理、咨询经验，设计并编制了罪犯自杀风险评估量表，通过分析影响个体自杀行为的各项因素，科学、客观、真实反映被试罪犯的自杀风险程度，且能够与罪犯实际改造情况相互印证，具有较高的信度和效度。评估员在经过专业评估培训后，能够在指导书的帮助下，根据评估要求，完成各类罪犯的自杀风险评估工作，且信度较好。该研究更是充分论证了量表在全国各监狱中使用的科学性、有效性和合理性，为量表在全国各监狱的推广提供了宝贵的实践经验。

近年来，南汇监狱积极探索"评估、管理、矫正"一体化工作，开展罪犯个案评估工作，并将其纳入个别化矫治运行体系，不断增强管理教育工作的针对性和实效性。该工作以个案矫治评估为切入点，民警根据狱内危险性评估和风险/需求评估结果，针对性制定罪犯的矫治内容和目标，并确定相应矫治措施和方法。

以评估为载体，南汇监狱积极拓展个案矫治工作平台，个案矫治评估会除了教育改造科民警参与，同时生活卫生科、劳动管理科、狱政管理科、刑罚执行科等其他科室的民警在需要时也可以参加评估会。比如，当罪犯因病导致情绪不稳时，可以邀请生活卫生科民警参与共同协商解决方案，有效集约全监资源，构建罪犯矫治大教育格局。

教育转化顽危罪犯如何"开药方"?

文 / 朱远祥

"真情感化狱中人,民警关爱深似海",锦旗上的这十四个字,浓缩了刑释人员刘某对监区民警人文关怀的感谢。

已过不惑年龄的刘某因信用卡诈骗罪被判刑。入监后不久,他的母亲因过度悲伤撒手人寰,妻子带着十岁女儿与其离婚后再嫁,他的家庭变得支离破碎。在上海市南汇监狱服刑的他,长期处于萎靡状态。针对这些情况,民警为刘某制定了矫治计划,帮其调适家庭关系,并在身体疾病方面给予充分关怀。2019年4月,刘某获得减刑出狱。4月16日,他给南汇监狱送来了锦旗。

可在监狱的管理教育实践中,许多罪犯因为个人经历、家庭关系、心态失衡等因素,不会轻易向监狱民警敞开心扉,有的甚至排斥管教、对抗改造,特别是一些顽固的、较危险的罪犯,在服刑期间存在一定的安全隐患。

对于这类罪犯,如何走进他们闭塞尘封的冰冷内心,如何矫正他们扭曲的人生观,引导他们早日回归正途?

令人头疼的顽危犯

因为贩毒，李彪（化名）被法院判了无期徒刑。1957年出生的他是江西人，曾经当过兵，做过电影公司的总经理，因为涉毒而误入歧途。在南汇监狱服刑期间，李彪觉得以自己的年纪和刑期，无法活到出狱那天，便萌生了脱逃的想法。

李彪开始与一些临近释放的罪犯套近乎，许诺给对方500万元报酬，希望对方把他的越狱计划和需求告诉狱外的"兄弟"。

李彪的行为举止，引起了当时分管管教的副监区长孙昕的注意。李彪行事很隐秘，不过孙昕还是通过细致入微的观察和线索排摸，逐步掌握了李彪的脱逃计划。

孙昕等民警发现李彪的脱逃预谋后，便等待时机进行查处。2013年的一天，李彪在向另一名罪犯传递纸条信息时，被赶来的民警现场抓获，人证俱在。李彪因脱逃未遂被判刑一年。

破获这起狱内脱逃预谋案的孙昕，获得了专项嘉奖。而通过此事，他对一些罪犯排斥改造的"顽固性"，有了更清醒认识。

"人心的恶，有时比你想象的更恶。"孙昕说，"并不是每一个进入监狱的罪犯，都会变'老实'了。"

1973年出生的孙昕，曾在上海市劳动教养管理局工作，2007年调到南汇监狱，做过狱政管理科副科长、管教副监区长、监区长，2016年8月调至监狱教育改造科，现为南汇监狱心航工作室主任，主要承担顽危罪犯的教育转化工作。

所谓"顽危罪犯"，是顽固犯和危险犯的简称。

孙昕介绍，危险犯是指给监狱安全稳定带来风险隐患的罪犯，有的有自伤或自杀的风险，有的有暴力倾向，甚至有袭警风险；顽固犯也有几种类型，有的法制意识淡薄，不认罪悔罪或无理缠诉，有的经常触犯监规监纪，对改造有抗拒心理，有的还仗着自己的"资历"，跟民警进行或明或暗的"斗争"。

孙昕分析，顽危罪犯中的大部分人，犯罪思想较顽固，犯罪恶习积淀较深，有的还是"多进宫"，具有对抗管教的"经验"。这些顽危罪犯排斥教育改造，有其自身的因素，有些则与其家庭环境、成长背景有关。这些罪犯在监狱服刑期间往往成为不稳定因素，影响监区管理的安全。

显然，对这类罪犯进行教育转化，是监狱管理和教育工作的一个难点。

矫治前的评估

对顽危罪犯的教育转化，是心航工作室的重点工作。

心航工作室成立于2014年，现有专职民警（矫治师）三名。孙昕2015年被评为局首席个别教育能手，2018年被评为局级高级矫治师，工作室还有一名高级矫治师、一名矫治师。

孙昕介绍，每年心航工作室会进行统计——每个监区从每个监组中选择上报"最不放心、最需要关注"的罪犯。随后，教育改造科评估工作室会对名单上的罪犯做出评估，排摸出顽危罪犯的名单。

事实证明，对罪犯进行客观、准确的评估，是有效开展矫治工作的前提。心航工作室会根据监狱本年度审批确立的顽危罪犯名单，将未转化、未消除危险隐患的罪犯列为关注对象。

罪犯沈某就曾经是心航工作室关注的对象。这名罪犯2013年入监以来，无视监规纪律，经常有反党反政府言论，拒绝写任何有关于"犯罪"二字的材料，入监四年多坚称自己无罪。针对这名罪犯的具体情况，评估工作室进行了综合评估，监狱成立了由监区领导、主管民警和心航工作室民警组成的攻坚矫治团队，三人分工合作，经过几个月的教育矫治，沈某2017年4月第一次写下认罪悔罪书，并在7月中旬再次认罪悔罪，成功转化。

67岁的罪犯陈某，因犯故意杀人罪被上海市第二中级人民法院判处无期徒刑。他曾在公开场合扬言"活够了"，多次发生违纪事件以及自伤自残事件，是监区的"定时炸弹"，也是危险

度极高的顽危罪犯。心航工作室根据评估结果，建议矫治团队从生命文化的角度出发，"以生命影响生命"。矫治民警利用心理技术与陈某接近，化解他的戾气，使一个双手沾满被害人鲜血的杀人者，成了认罪悔罪、遵守监规纪律的服刑者。

陈某、沈某这些矫治个案取得实效，均离不开对罪犯科学、全面的评估和细致研判。孙昕介绍，在实践工作中，心航工作室一直坚持评估、管理、矫正一体化的运行模式。

"对症下药"

根据罪犯的评估结果，心航工作室的矫治师会出具矫治方案，也就是"开药方"。

孙昕说，"开药方"包含三方面内容，一是全方位的信息收集，包括罪犯的日常行为、改造表现、家庭关系等；二是根据罪犯个性、经历、案情等个体特征，制定矫治措施，包括行为规范的矫治、心理上的救助、人际关系的调整、文化学习和普法、警囚互动的构建、生命文化的纳入、家庭关系的调适、社会帮教资源的拓展，等等。此外，还要确立阶段性的矫治目标，"一星期要做什么，一月要做什么，要一步步完成。"

矫治的具体措施，必须根据罪犯的具体情况"对症下药"。比如，对自己罪名认识不清而"喊冤"的罪犯，矫治师的"药方"会强化普法教育，帮助罪犯认清自己违法犯罪的本质，从而服从法院判决；对屡次触犯纪律、抗拒改造的罪犯，"药方"会强调纪律的教育引导，帮助其融入改造生活；对于因为亲情缺失导致心态失衡、"破罐子破摔"的罪犯，"药方"会帮其打破亲情壁垒，以家庭、亲人的温暖对罪犯进行感化。

有一个案例，孙昕介绍说，罪犯唐某被判刑两年九个月，在南汇监狱服刑初期，唐某心理压力很大，他妻子不理他，也不来探监。心航工作室矫治师和监区主管民警了解唐某的情况后，根据"药方"对他进行引导，鼓励他主动给妻子写忏悔信，后来妻子原谅了他。2019年2月唐某出狱，他妻子来监狱门口接他。回归社会的他，开始了新的生活。

在矫治工作中，孙昕和心航工作室的同事主要负责"开药方"，监区主持"动手术"，监区的责任民警负责"打针""吃药""巡查病情"。

"当然，我们也会跟进这些个案。根据顽危罪犯的危险程度，进行月度督导、季度督导、半年督导。"孙昕说，矫治团队在矫治计划的实施过程中，会对一些突发应急情况及时介入，并逐步调整或深化方案的落实,"看药方有没有起效果,做出评估和判定,是继续往前走还是换条路走。如果效果不明显,那要进一步诊断,找准病因,修正矫治方案。"

矫治实践中用得较多的"药方",是家庭关系调适。一些罪犯因为侵害家人,或者因其犯罪行为的恶劣影响,导致亲人对其怨恨,家庭关系糟糕。这种亲情的缺失、破裂,往往给罪犯的改造转化带来直接的负面影响。

如何帮助罪犯进行家庭关系调适?心航工作室的矫治师常采用集约化调适和个性化调适的方法。

所谓集约化调适,主要是以上课、团训的方式进行,矫治师会围绕家庭矛盾处理、亲情维护等方面,对需要调适家庭关系的罪犯进行集中辅导;至于个性化调适,则根据个人的具体情况,由矫治师对罪犯进行单独辅导。

孙昕、陶杰均认为,家庭关系调适过程中,对罪犯的心理辅导很重要。要通过耐心沟通,让罪犯增强悔罪意识,认识到自己犯罪行为给家人、被害人带来的伤害。在此基础上,鼓励罪犯主动与家人修复关系,比如给家人写忏悔信,亲人会见时表达悔意,公开忏悔罪行,树立改造信心,等等。罪犯的家人或许本以为看不到罪犯改邪归正的希望,但罪犯的主动悔罪会增添家人的信心,而亲情带来的温暖又能激励罪犯积极改造。

矫治疗效和民警的得失

近年来,南汇监狱对顽危罪犯的教育转化工作成效明显。据

不完全统计,心航工作室成立后的 2014 年至 2018 年,南汇监狱转化顽危类罪犯一共 110 余人。

对症下药的"药方"发挥了作用,矫治的疗效好,作为开药方的矫治师自然有成就感。不过,天下没有包治百病的良药。"有些罪犯的顽固、危险可能超乎你的想象",孙昕说,对于这些矫治困难的顽危罪犯,民警只能尽力引导,加强监管,降低其风险系数,将其危害性置于可控范围。

罪犯王某,因故意杀人犯罪后,自己自杀被救活。案发后,王某被判了死缓。在南汇监狱服刑时,他已 70 多岁,家人、亲人从没来探视过他。他没有生存的欲望,不想活下去,在监狱自杀过一次,被民警及时抢救。

"他的心结解不开,开什么药方都没用。"孙昕回忆,他和同事后来对王某的矫治方法,就是"移情",让他养养鱼、种种花。

"他有事干，就不会多想那些事，"孙昕说，"如果他天天沉浸在以前的事情里，永远无法走下去的。"

目前，王某的情绪渐趋稳定，不过，每年清明节等时间，都是民警对他重点关注的敏感期。这些年，就算很难将其真正教育转化过来，民警也一直没有放弃。

"从警这么多年来，有时候感觉我是罪犯的老师，有时是家长，有时是医生，有时是点亮灯的人，有时是扶上马的人，有时是帮他们打开门的人。"孙昕说，经过自己"药方"转化成功每一个顽危犯，他都会有种发自内心的快乐和成就感，因为这让他对监狱人民警察的职业付出有了切身的获得感。

孙昕认为，平常在矫治工作中与罪犯打交道，民警要努力做到"三心二意"。"你要有耐心、要细心，还要有点爱心。"他说，对罪犯的教育改造，要将对方以"人"的身份来分析研判，而不仅仅是"罪犯"，"如果缺少人性关怀，就会使改造教育变得冰冷，达不到好的效果。"

至于"二意"，孙昕指是的"坚强的意志力"和"对职业的一心一意"。"罪犯身上有很多负面的东西，有一些歪门邪道，他可能会和你谈到金钱的魔力、人性的贪图享受，也可能传染一些忧郁压抑的情绪给你。"孙昕说，罪犯身上散发出来的这些负面消极因素，民警必须进行化解，这就需要坚强的意志力，以及对监狱人民警察这份职业"一心一意"的坚定。

监狱人民警察长年在大墙内工作，上班时间长，值班备勤多，很难有固定的休息时间。监区内没有网络，也不允许带入私人手机，民警与外界经常处于失联状态。

"你没法好好陪伴家人，你的职业上升空间越来越窄，你的社交圈子越来越小。"孙昕说，这些都是监狱民警必须面对的"失"，所以民警也需要一定的心理调适，需要正能量的激励，"当一个罪犯转化成功，当他回归社会后不再违法犯罪，这就是对我们最大的回报和激励。"

认罪悔罪评估，怎么做

文 / 卫佳铭

"我叫祝叶（化名），1971年出生，因贩毒被判处有期徒刑九年，刑期自2015年5月至2024年5月。本次申报认罪悔罪评估等级由三级升为二级。服刑期间，我深刻认识到过去自己因为法律意识淡漠所犯下的错误，对社会和家庭造成了深重的伤害。"手捧认罪书，48岁的祝叶大声地宣读着自己犯罪的经过和入监改造的感悟。

2019年5月22日，一场认罪悔罪评估会在上海市南汇监狱四监区举行，教育改造科民警孙仁福和四监区四名民警一同坐在评估席上，这天，他们将对三位接受评估的罪犯进行现场提问。同监区其他罪犯亦在台下就座旁听。在南汇监狱，像这样的评估会每季度都会召开。

工作了十年的民警孙仁福说，这样的事儿在几年前还是无法想象的。21世纪初，罪犯的认罪悔罪一度未得到重视，民警评价一个罪犯的认罪悔罪态度也只有"认罪"和"不认罪"非黑即白的两种状态。有时，罪犯为了奖分或者减刑，满足于形式上写认罪书，内心的认罪悔罪动力却存在很大不足。

2005年起，上海监狱为推进监狱体制改革，实施了聚焦教育改造质量战略，将罪犯的思想改造逐步提上议事日程。2013年上海监狱在全局试行罪犯认罪悔罪评估工作，推出一系列评估标准，建立起较为完善的工作制度和评估机制。

打破"改而不悔"

如何帮助罪犯厘清认罪与改造的关系，是推行认罪悔罪评估工作首先要回答的问题。在过去很长一段时间里，劳动表现等同于改造表现的传统观念占据主导地位，存在着很多"改而不悔"的罪犯，他们大多劳动表现良好，但是在思想上对犯罪认识不深刻。

据孙仁福介绍，目前南汇监狱使用的2016年版的罪犯认罪悔罪评估标准，其主要内容分为五个方面，他总结为"四个认识，一个行为"，即：对犯罪事实的认识、对法院判决的认识、对犯罪原因的认识、对犯罪危害的认识和悔罪行为表示。

为进一步细化罪犯在上述五个方面的表现，每一方面又细分出四至十条不等的表现形式。以对犯罪原因的认识为例，可以分为五种表现：认为是命运机遇不佳（包括他人打击报复、自己作案失手、别人没有案发自己命运不好等等）造成的；认为是外界因素（包括社会环境、经济困难、其他人员的影响等）造成的；认为是主观原因造成的，能反省过去，写出犯罪史；能分析自己的思想心理的变化，写出思想演变过程；能比较深刻地找出人生的主要教训。

孙仁福说,认罪悔罪五个方面中,最有说服力的是悔罪行为表示。"能否主动写认罪书、写忏悔信、履行法院判决的财产附加刑(含追缴赃款以及附带民事赔偿)、连续三年以上没有发生与原犯罪恶习相关的违纪违规行为、通过真诚忏悔,得到被害人(被害单位)或者地区群众的宽恕、甚至规劝帮助他人认罪悔罪,都可以很好地证明罪犯是否真心悔过。"孙仁福说。

罪犯张某,原先在一户人家做住家保姆,因为沾染了赌博恶习输了钱,遂把东家的17万元货款偷走。刚入监接受谈话时,她就表示认罪,但孙仁福发现张某的认罪并不深刻。于是,他和主管民警定期找她谈心,引导她认识到自己的犯罪行为给被害人家庭造成的财产损失。上个月起,张某主动提出,要拿出自己在狱中劳动报酬缴纳附加刑民事赔偿2000元。在孙仁福看来,这是监狱民警利用认罪悔罪教育罪犯的成功案例。

意义重大的"份外事"

依照上述五个方面表现,罪犯认罪悔罪程度等级可分为不认罪、初步认罪、认罪、悔罪和深刻悔罪五个等级。

为何分为五级?在实践中,民警们发现,罪犯的认罪悔罪表现是不同的,是分层次的。通过评估,分析罪犯在认罪悔罪上的差异,把这种差异反映出来,引导罪犯看到自己认罪悔罪的实际状况,知道进一步认罪悔罪的要求和方向,从而促进认罪悔罪的深化。

根据上海市监狱管理局制定的罪犯认罪悔罪相关配套制度，南汇监狱制定了评估细则并对重病精神类罪犯进行了分类和排摸，对没有沟通表达能力的罪犯更多考察他们的悔罪行为和现实表现。

孙仁福回忆，罪犯认罪悔罪评估工作在南汇监狱推行之初，也曾有民警表示不解："对罪犯的日常教育改造和计分考核已是很繁重的任务，突然增加份外事，增加了工作量，意义真的大吗？"

然而，随着这项工作的深入开展，越来越多的民警觉得评估给自己的日常工作带来了实实在在的好处，尤其是罪犯因减刑、假释幅度不满而产生的思想问题大幅减少。

"罪犯根据自己的评估等级能清晰了解到自己实际的减刑幅度的预期范围，在评估过程中已经把这部分的思想问题解决了。"在孙仁福看来，推进罪犯认罪悔罪评估工作实际是把罪犯思想上的问题解决在前端，减少了日后的工作量，也降低了工作的难度。

"听其言，观其行"

从试点到铺开，南汇监狱逐步建立完善了罪犯认罪悔罪评估机制，形成了一套完整的运行办法。

罪犯入监后就会迎来首次定级，新收监区负责对每个新收罪犯进行个别谈话、提问并查阅相关材料，保证罪犯从投入改造起就有基本评估。而在整个改造过程中，罪犯认罪悔罪评估等级可以变动。入监一年以上的罪犯，认为已具备升级条件的，可以主动申请，要求升级评估。孙仁福说，这也是强调罪犯主动认罪悔罪，尊重其改造主体的体现。

5月22日这天进行评估的祝叶，申请从认罪级升到悔罪级。在此之前，他已经履行了全部财产刑，并且认捐了忏悔金。主管民警王尚在对其进行个别谈话了解、周围罪犯的反映和查阅认罪服法书、忏悔书、奖惩记录、近一年的月平均消费情况、财产附加刑的履行情况等材料后，作出认罪悔罪程度定级意见，填写评估意见表，报监区评估小组。

评估会现场，几位评估员向祝叶直接发问，要求他在现场陈述贩毒的危害和对未来生活的打算。孙仁福解释称，现场提问是检验认罪书是否真实的一种方法。在会议现场就座旁听的同监区罪犯，就是为了形成罪犯之间的相互监督，约束被评估人的陈述和表达的随意性。"如果被评估人夸大、虚构了某些情况，旁听的罪犯会后也会找民警反馈。"孙仁福说。

除了会议现场，合议的工作更多是在会后。如何对罪犯认罪悔罪情况做出评估，对此，他总结出六字箴言："听其言，观其行"，评估员们甚至会调取罪犯和家属会见、拨打亲情电话时的录音录像，"在家人面前，一定是他们最真实状态，一般会吐露真言。"

可即便如此谨慎，也难免出现罪犯认罪悔罪程度的反复。针对这种情况，监狱方面可撤销前次评估的结论，并由主管民警提请再次评估，重新定级。

"被害人在乎"

孙仁福说，罪犯对法律认识不清是认罪悔罪开展的一大难点。以侵犯公民个人信息罪为例，曾有一名罪犯在入监前从事房产中介，却将客户信息转卖给朋友，被判入狱后仍意识不到自己的行为已经触犯法律，"还觉得是行业潜规则，自己所为只是商业行为。"孙仁福说，还有一些很多文化程度较低的罪犯，例如抢劫犯、盗窃犯，往往对法律定性并不清楚。

因此，要引导罪犯进行认罪悔罪，当务之急就是普及法律常识。在南汇监狱，每隔一段时间就会有来自上海政法学院、法律援助中心的老师前来为罪犯开展法律专题讲座。与此同时，监狱民警在对罪犯进行教育感化时，也会要求他们换位思考，培养同理心，"强调被害人在乎的意识"，孙仁福说。

此外，基于罪犯认罪悔罪表现的多种多样，进行评估时也会更多地从客观事实出发，实事求是地分析罪犯中各种现象，孙仁福举例道："对待初犯和累惯犯的评估方式就会明显不同。"再如：在犯罪行为侦查、起诉、审判的过程中，有些类似的犯罪行为和情节在不同的法院审判的结果也有差异。

"同一个现象背后，反映的有情绪现象，有认识问题，也有犯罪心理定势的影响等等。"孙仁福说。

面对当前日趋完善的罪犯认罪悔罪评估机制，孙仁福和他的同事们并没有满足现状，他们还想做得更多。

据他介绍，现在南汇监狱每个监区都设有五六名评估员，但他们中大部分人还承担着一线民警的管教工作，罪犯的评估实则涉及多方面的学科知识，是一项专业要求不低的工作。孙仁福期待，培养建设一支具备一定职业素养和评估专业能力的民警队伍，来保证评估的质量和准确。

此外，他们还创新地引入社会力量加入评估活动。2018年6月26日，南汇监狱举办了第一届涉毒类罪犯的认罪悔罪家属规劝会，共有四名家属来到监狱，和罪犯面对面交流。孙仁福记得，其中有一位家属是罪犯王某的胞弟，在规劝会现场，他直言哥哥入狱后，自己单独赡养父母的压力，使得罪犯潸然泪下，在规劝会现场幡然醒悟。

每每看到这样的场景，都是孙仁福最欣慰的事。"我们的职责就是矫治可以矫治的（罪犯），对实在不能矫治的，也尽量使其不再危害社会。"孙仁福说。

别／样／的／人／生

第四章 润物无声

想活着出去，给家人一个交待

文 / 陈雷柱

上海市南汇监狱在押犯刘毅朴（化名）于 2018 年在监内因为大咯血病亡了。在他生命的最后一段时间，监狱曾为他办理保外就医，但他的家人拒绝接收，监狱成为刘毅朴最终的归处。

实际上，在这座老病残犯监狱里，还有许多危重病犯面临着像刘毅朴一样的无奈与酸楚。88 岁的高元齐（化名）在心里一直有一个盼头，希望能活着走出监狱，给孩子们一个交待。

2010 年 4 月，高元齐因琐事与老伴儿发生争吵后失手将她杀害。那一年，高元齐 79 岁，结婚 58 年后，他在家中结束了老伴儿的生命，将自己送进了监狱。在近十年的煎熬与自责中，提及自己所剩无多的余生，他还是不断念叨着"想回家"，他说，这是他现在唯一的心愿。

现在，高元齐常年被冠心病、脑梗、糖尿病、高血压等老年病折磨，他在刚刚来到南汇监狱的时候就已经行动不便，多年来，他的拐杖从不离手。南汇监狱狱政管理科一名民警说，面对这些特殊的管理对象，民警们在日常的监管和诊疗中，也会给予适当的关怀,"法律不只是冷冰冰的条文,我们的民警既要善用法律,以法管人;在面对这些危重病犯时,也要体现人文关怀,以情暖人。"

杀　　妻

时隔九年之后,高元齐至今仍能记起他杀死老伴儿那天发生的所有细节,他说他不敢忘,但也不愿提及,每次想到那天的情景,他都会老泪纵横,"我是个老警察、老党员,居然做出这种事,给党旗抹了黑,也给警徽抹了黑,更没办法面对我的四个孩子。"

高元齐是北京市朝阳区人,他自1952年与老伴儿结婚后,就一直生活在那里。2003年,高元齐的小女儿在上海成家多年后,终于买了房子,她将老两口接了过去,但高元齐因无法适应南方气候,很快又独自返回了北京,此后,他与老伴儿一直两地分居。

2010年3月26日,高元齐因肝病从北京来到上海看病,他说自己的病其实在北京也能治,小女儿想让他与老伴儿多聚一聚,便以看病为由将他接到了上海。但见到老伴儿后,高元齐觉得对方并不高兴,他也因此心生芥蒂。

高元齐说,老伴儿喜欢打牌,但他却一直反对,"她就是觉得我来得多余,是来监督她的,我来了一个星期,她就没给过我好脸色。"

2010年4月2日上午,高元齐向老伴儿提出一起去医院看病,但对方并未应允,两人因此发生争吵,随着冲突升级,他失去了理智,犯下了终身后悔的事。

事后他颤抖着双手,拨打了110报警电话,但他并不知道女儿家的具体地址,匆忙跑下楼,找到小区保安后,才顺利报了警,折腾了半个多小时之后,警车和救护车陆续赶到,医护人员见到他老伴儿后无奈地摇了摇头说,已经没有抢救的必要了。

听到医生的这句话,高元齐一屁股瘫坐在地上,他感到了害怕,但更多的情绪是后悔,那一瞬间,他在脑子里飞速回放着与老伴结婚58年来的点点滴滴,想到了北京的家,也想到了他的四个孩子,很快他产生了一个念头:"我不想活了,没法活了。"

时隔多年后,88岁的高元齐在回忆起这段往事时,表情十分痛苦,他说他曾是一名老警察,抓了一辈子坏人,没想到,在退休后,自己却成了杀人犯。

批捕文书很快送到了高元齐的手中,他在被送往看守所时就已经产生了轻生的念头,他觉得自己没脸再见家人。在看守所的最初一个月,是高元齐一生最难熬的一段时间,他说他每天都过得十分痛苦,一闭上眼就能看到老伴儿死时的惨相,他很想见见他的几个孩子,但在内心深处又害怕见到他们。在这样的煎熬中,高元齐选择了自杀,但最终被民警及时发现,未能成功。

"这次事情过后,看守所所长找我谈过话,他说在我被送进看守所之后,我们家老四先后来过四次,但是按照规定,刑事案件在宣判前家属不能和嫌犯见面,所以看守所并没有安排会见。"高元齐说,在这之后,看守所民警将他的情况告诉了他的家人,"很快,孩子们又来了,民警帮忙带话给我说,他们确实非常怨恨我，但更担心我在看守所出事。"

很简单的一句话，让高元齐在民警面前流下眼泪，他说他从这句话中听出了孩子们内心的纠结和痛苦，"我突然觉得我不能再想不开了，我得挺住，至少要挺到和他们见面。"

活　着

2010年8月，高元齐被法院以故意杀人罪判处有期徒刑十五年，在此前的庭审中，他远远地在旁听席看到了自己的子女，但却始终不敢抬头和他们对视，杀妻恶行让这个当时已经年近八旬的退休警察自觉无颜面对他的子女。

一审宣判后，高元齐没有上诉，很快他就被送到了上海市新收犯监狱，四个多月的看守所生活，加之精神上的诸多压力，让高元齐在刚刚进入监狱时身体就已经极度虚弱。他回忆称，在新收犯监狱，他几乎没有住过一天监房，一直住在监狱卫生所的病房里，"我怀疑除了身体原因外，可能警官也知道我之前自杀的事，所以对我很关心，经常找我谈话，给我做思想工作。其实那时候我还是觉得没法面对生活，一直到那年冬天，老二和老三来看我……"

高元齐记得，他刚进监狱的第一年冬天，他的两个孩子带着棉衣棉鞋来看他，父子三人隔着会见室的玻璃板哭成了泪人，但他们对于高元齐老伴儿的死绝口不提。

高元齐说，那是他自案发后第一次和孩子们说话，他在去见孩子们的路上内心仍十分挣扎，直到看到他们眼睛里噙着的泪水,他把所有的顾虑都放下了,"孩子们也担心我,知道我害怕提起老伴儿,整个会见过程中,只是对我嘘寒问暖,没说别的,这让我更加内疚了。"

此后的近半年时间里,高元齐与子女们通了几次信,信中的内容都是些家庭琐事,孩子们反复叮嘱他,过去的事就不要再想,希望他在监狱好好改造,争取减刑,早日回家。

2011年初,高元齐从新收犯监狱移押到南汇监狱,那时候他已经80岁高龄,随着身体日渐衰老,他的精神状态也大不如前。因年轻时高元齐在执行任务中右腿曾受过伤,那时他经常腿疼,甚至已无法正常行走。来到南汇监狱一个多月后,监区民警专门为他买了一根拐杖,此后,他的这根拐杖就再也没离过手。

高元齐在谈到对南汇监狱的第一印象时说,刚来时,他觉得这里的环境要好很多,管理的制度也有一些差异,对于像他这样的高龄危重病犯,监狱里给予了最大程度的关爱,"我生活基本无法自理,有人会帮助我。"

出乎意料的服刑环境打破了高元齐在移押前的种种猜想和顾虑,他说自己此前在新收犯监狱,因为身体原因一直被"特殊照顾",他很担心新的环境会难以适应。但到了南汇监狱后,高元齐逐渐觉得,在这里他需要做的只有一件事——好好活着,"我知道自己时间不多了,但不知道剩下的时间和我的刑期到底哪个先到终点,可我不想死在监狱,不想给监狱的领导和民警添麻烦。"

现在,高元齐已经在南汇监狱服刑八年多,他的身上的诸多疾病也得到了一定的控制,其间,他曾发病两次,都得到了救治而转危为安。

闲暇时,高元齐喜欢在监狱里练练书法,读读《周易》。南汇监狱六监区副监区长屈原明说,六监区罪犯中,许多都是像高元齐这样的高龄危重病犯,因此在管理上,也要从老年人心理特点入手,"很多老年病犯中猜疑心也重,不容易信任别人,甚至有些罪犯从不和他犯交流,这样就很容易滋生极端心态,对罪犯自身健康和监狱管理造成不利影响。"

屈原明说,基于这样的原因,监狱将这些老年病犯和一些身体健康的护理犯混合关押在一起,一方面方便护理犯照顾其他的病犯,另一方面也能让老年病犯在这个过程中,多和其他人交流,培养信任感,"我们得带他们走出误区,养成一个好的心态,这有助于他们的身心健康,也能让他们在和时间的赛跑中赢面更大一些,这对于老病残犯监狱来说,非常重要。"

回　　家

实际上,南汇监狱在面对这些危重病犯时,想到和做到的远不止这些。高元齐说,从几年前开始,监狱民警就一直对他们进行生命教育,具体的要求被归纳为"七个一"——要求罪犯领养一株植物、读一本书、给家人一个寄语、培养一个好的兴趣爱好、听一段养生音乐、学习一项非遗技能、欣赏一段生命文化电影。

"我知道,这些要求都是在变相地为我们的生活注入希望,在这座老病残犯监狱里,许多罪犯都有过极端思想,自暴自弃,甚至自寻短见。对于这里的民警来说,让罪犯活下去,活得有意义是一件非常重要的事。"高元齐说，他现在每天读《周易》、练书法都是遵从监狱的要求，自己培养出来的兴趣爱好，"最开始还会觉得有些幼稚，但是坚持下来之后才发现，这些真的会让我们在监狱里的生活变得不一样，民警们为了让我们好好活下去费尽了苦心。"

正如高元齐所说，南汇监狱为危重病犯所花的心思被很多罪犯看在眼里，也记在了心里。2018年初，一名贩毒被判处无期徒刑的罪犯陈易龄（化名）被查出患有肺癌，并已全身扩散，此后，医院多次发出病危通知。获知自己的病情后，陈易龄一度情绪非常低落，对生活失去了信心，甚至不再配合治疗。主管民警徐林峰注意到这一情况后，提出一个设想，希望通过陈易龄即将来临的生日，以亲情唤醒他对生命的渴望。

随后，监区向监狱相关科室汇报了这一情况，并很快得到重视，帮助陈易龄在弥留之际度过最后一个生日，经过监狱讨论后，很快被批准了。

徐林峰回忆称，在陈易龄生日当天，他代表监狱为陈易龄买来了生日蛋糕，并安排炊场做了长寿面，陈易龄的家人也在这一天来到监狱为他庆生。当陈易龄坐着轮椅在会见室看到家人时，他牵动嘴角由衷地笑了，随后一家人紧紧地相拥在一起。

当天的生日会上，陈易龄与家人拍了合影，也吃到了妻子喂到嘴边的蛋糕，虽然有些难为情，但徐林峰从他脸上的表情里看出，他内心的阴霾已经散去，"那天，他笑了，也哭了，一声声感谢的话，让我们也忍不住为他感动。"

南汇监狱狱政管理科一名民警说，那次的庆生会其实准备了很长时间，在监狱里为罪犯庆生并不像社会上普通人那么简单，出于对食品安全的考虑，监狱规定外来食品不允许入内，"此前也没有过这样的先例，所以这件事在筹备期间民警们费了很多脑筋，但我们觉得这件事是有意义的，尤其是在这座老病残犯监狱里，面对这样一个即将面临死亡的罪犯，它带来的积极意义远比我们想象的要多。"

这件事后来在南汇监狱被传为一段佳话。高元齐说，除了这件事之外，监狱民警帮罪犯寻亲，深更半夜送罪犯急诊的例子还有很多，"这些事情，让我们看出了民警对我们的用心和坚持，也坚定了我们好好改造的决心，至少，我不会辜负民警们的这份苦心"。

现在，高元齐一天天算着日子，他说，自己的刑期还有四年零五个月，尽管他在监狱里被视为危重病犯，面对88岁的高龄和一身老年病，他仍然坚信自己能熬到出狱。闲暇时，他脑子里经常会浮现出北京市家附近的那条小胡同。服刑九年多以来，他无数次幻想着刑满释放后，回到家里的场景，他希望能够在有生之年和子女们坐在一起好好说说话，聊聊他们的母亲，也聊一聊他犯下的罪，"孩子们不提，但我始终欠他们一个交待。我在这里改造得很好，我相信我能等到那一天。"

一名罪犯罹患肝癌之后

文 / 宋蒋萱

48岁的陈友（化名）于2018年移押到上海市南汇监狱服刑。此前，他患有乙肝、肝硬化等疾病，需要长期服药。入狱后，陈友腰腹疼痛逐渐加重，人不断消瘦，于2018年年底检查出患有肝癌。

南汇监狱是全国第一家集中关押老病残罪犯，并与监狱总医院合并建设的监狱，这对于陈友的治疗提供了方便，但对于治疗癌症等重疾仍需要社会医院的协助。

面对陈友这样的重病罪犯，南汇监狱在执行刑罚时，根据规定给予一定的医疗救治。起初，陈友担心家人无法负担癌症治疗费用，向家人隐瞒了病情。经监狱民警多次谈心、疏导后，成功协助陈友与家属沟通，并得到了家属对于治疗方案的支持。

"以前不敢往后想，现在想着积极治疗，争取战胜病魔"，陈友说。

入　狱

陈友出生于1971年，如今48岁了，头发和胡子都已经花白。因罹患肝癌，他的脸色显出暗淡的蜡黄，眼窝下笼罩着阴影，身形枯槁。

回头看他的大半辈子，几乎把三分之一的时间都留在了大墙里。

2002年，他因盗窃罪等被判处有期徒刑十五年，通过减刑，实际服刑十年后出狱。十年间，陈友的儿子在关键的童年期缺失了重要的父爱，他逐渐年迈的父母错失了儿孙满堂的天伦之乐。

当年出狱时，陈友41岁，跨入不惑之年。他立志弥补对家庭的亏欠，开始尝试承包种瓜，做小买卖。生意小有起色后，陈友又承包了几十亩地，开始饲养龙虾，"这是一个大市场，很多朋友在做这方面生意，有点门路"，当时，陈友觉得，似乎一切都在逐步契合他对未来的美好期许。

2017年4月，为了物色固定的买家，陈友和几个同做龙虾生意的朋友来到上海。之前所有对未来的美好憧憬，在这一趟旅途中戛然而止。

陈友回忆，当年，几个朋友吃过饭后，看到工地上有电缆，有朋友提出可以把电缆盗走，"那时候确实有侥幸心理，想着不会被发现"。于是，四月的一个凌晨，陈友和其他几人经预谋，窃得电缆线三百多米。随后，施工方报案，陈友和其他三人被一一抓获。经此一案,陈友被判盗窃罪获刑三年六个月。2018年,他在离开监狱五年后,再次入狱。

入狱后的陈友懊悔不已,他觉得亏欠家人太多。陈友时常想,如果不是自己淡薄的法律意识和糊涂的侥幸心理,可能自己的龙虾生意已经走上正轨。

但一切都已惘然。

确　　诊

入狱前,陈友患有乙肝、肝硬化等疾病,需要长期服药。

在南汇监狱服刑改造期间,陈友踏实劳动,直至 2018 年 11 月,他感到腰腹疼痛日益严重,且疼痛持续时间延长,常常痛得无法入睡。

上海市监狱总医院是上海唯一一所为政法系统羁押人员提供医疗保障的综合性医院,南汇监狱与监狱总医院建在同一个院内,从监区到总医院步行时间不过一两分钟。一旦罪犯遇到突发情况危及生命,监狱可以启动应急措施提供基本的医疗,在较短时间内便可以将罪犯送往总医院救治。

得知陈友的不适加重后,主管民警张鸥便带他去监狱总医院就诊。

经监狱总医院初步诊断,发现陈友肝部存在结节,存在癌变的可能性,恶性程度较高,而总医院并不具备治疗癌症等重疾的条件,如需进一步治疗,需要寻求社会医院的协助,还可能面对不菲的治疗费用,除基本的医保外,其余需要陈友及家属承担。

初步诊断之后,恐惧和担忧第一时间向陈友袭来。

第一个担忧是治疗费用。陈友深知,癌症的治疗费用不低。而大墙外,陈友的父母已经年迈,儿子种地做点小生意,孙子刚满一岁,正是急需用钱的时候。而癌症不菲的治疗费用,无疑会使本不富裕的家庭雪上加霜。

其次,癌症治愈希望不高,如果高昂的治疗费用没有换来有效的治疗效果,钱打了水漂,不仅对病情无用,还给家庭带来额外的负担,像是个无底的黑洞。

几经思虑,确诊的头一个月,陈友向家人隐瞒了病情。

"不想给家里父母知道,母亲年纪大了,身体不大好。儿子也成了家,孙子也有了,生活压力本来就很大,我不想因为自己再拖累他们。"提起自己的顾虑,这个已过不惑之年的男人低下了头,声音有些颤抖,眼睛泛了红。

肝癌一度将他的希望击碎。"如果治疗费用太高,或者治疗效果不理想,我就不治了,不再给家里带来负担",陈友曾想过放弃。

陈友的主管民警张鹂了解到他的顾虑后,多次与陈友谈心,帮助陈友调整心态,以积极乐观的态度对抗病魔。

同时,张鹂帮助陈友联络家属,鼓励他与家属沟通病情。

2018年年底,陈友在电话中向儿子坦承自己的病情,儿子二话没说,来监狱探望他,并且告诉他:无论花多少钱,都要治。为了不让老人担忧,陈友依旧向年迈的父母隐瞒了病情。

儿子的承诺,给了陈友继续坚持的勇气和希望。

治 疗

除了与家属联系、开导陈友，张鹍还与监狱卫生所医生多次就陈友的病情、治疗方案进行研究，获得陈友及家属的同意后，监狱决定尽快借助社会医院力量，及时治愈陈友的病痛。

2018年12月，社会医院医生应邀来监，经过南汇监狱卫生所和监狱总医院的协调，对陈友进行了会诊。外院医生指出，陈友的肝部结节尚属良性，可先通过射频消融手段进行保守治疗，密切观察结节状态，进一步寻找更有效的手术治疗方案。

2019年2月，陈友复查肝部造影发现结节有增大迹象。恐惧、无助无声无息却又猛烈地向他袭来，午夜时分，陈友常会辗转难眠，反复问自己："治不好了怎么办？会给家里带来太多负担吗？要不要放弃？"

在老病残罪犯中，很多人像陈友这样，因为年老、病痛和残疾等原因而失去改造希望，从而产生放弃生命的念头。为此，南汇监狱探索了"生命文化"的教育改造新模式，围绕生命价值和生活意义，开展以"希望、合作、自律"为主题的一系列举措和活动，让老病残罪犯懂得尊重生命、关爱生命、珍惜生命和敬畏生命。

得知陈友的病情发展后，张鹍与陈友多次谈心，让他以积极的态度配合治疗，并积极为陈友联系、解决医疗相关问题。

最终，陈友的治疗费用控制在二至三万元左右，对陈友家来说并不是一笔负担不起的费用。得知此消息后，陈友悬着的一颗心又落了下来。

南汇监狱卫生所的医生密切关注陈友的病情,并从心理建设方面与陈友多次沟通。医生发现,陈友的治疗心态从先前的消极逐渐转变为积极面对,优先选择了射频消融、手术等较积极的治疗方案。

对于陈友来说,他决定以勇敢的姿态去面对病情。"以前都不敢往后想,只能走一步算一步。现在有了警官和医生的鼓励,我也希望能通过积极的治疗,可以战胜癌症",陈友说道。

陈友肝癌的治疗还在继续,希望他的病情好转。陈友的刑期还剩两年多,他说,身患癌症的罪犯,治愈的希望比较渺茫,"但也非常向往未来,也要为之努力。"

春风化雨

文 / 卫佳铭

2019年5月上旬的一天,上海市南汇监狱七监区民警谢敏和往常一样结束一天的忙碌,回到办公室,看到办公桌上有一封来自湖南的信,她会心一笑。拆开信封,几张照片滑落,照片上的女子面容略微有些浮肿,但是精神很好,"精神不错嘛",谢敏笑着自言自语。

照片上的人叫李薇(化名),原南汇监狱七监区女犯,因故意杀人罪被判刑入狱。一年多前,她因患系统性红斑狼疮病情危重,光病危通知单就下了三回。远在湖南农村的父母攥着几百块钱赶到上海,想接唯一的女儿回家。2018年4月,李薇被批准保外就医。

找到通往内心的那扇门

1981年,李薇出生于湖南,父母都是面朝黄土背朝天的农民。生活清苦,但作为李家的独苗,凭借读书走出大山的李薇一

直是父母的骄傲。大学毕业，李薇在上海找到一份办公室的工作，很快结婚成家了。这对于李薇爸爸妈妈来说，本该是件光耀门楣的事。

厄运忽然降临。婚后没几年，李薇被确诊为系统性红斑狼疮，身体状况急转直下。丈夫得知她的病情后，非但没有安慰她，竟在不久后有了外遇。得知丈夫婚外情后，李薇在绝望之下动起了杀念，丈夫失去呼吸后，李薇失去了自由，那一年，她才28岁。

刚从上海市女子监狱移押到南汇监狱七监区时，李薇是沉默和自闭的，很少和同监舍的女犯说话。后来，李薇调入谢敏所承包的监组中，主管民警谢敏第一时间掌握了她的病情，特地嘱咐同监组的其他女犯，在生活上对李薇多包容和照顾一些，在劳役上也安排她从事力所能及的岗位。

慢慢地，李薇逐渐融入监组，但每到会见日，李薇的情绪都会变得很糟糕，一个人躺在床上，呆呆地望着天花板出神。谢敏知道，李薇是看到她犯的亲人来会见，她想到了自己的父母，但她的父母一直都没来看过她。谢敏多方沟通后了解到，李薇的家远在湖南农村，家境不太好，谢敏辗转联系到在长沙工作的李薇表哥，才知道李薇父母不是不想来，而是出不起往返上海的路费。

了解到这一情况后，谢敏找到李薇，跟她谈心，宽慰她要理解父母的难处,教育她要一边改造一边治病,唯有这样才能让远在湖南的父母安心。长谈中,谢敏得知,李薇对英语很感兴趣。谢敏忽然觉得,通往李薇内心的那扇门找到了。

"教育的本质是相通的"

在从警之前,谢敏曾在军天湖学校当了二十年英语老师。2008年,谢敏调入南汇监狱,走下讲台的她在不惑之年穿上警服,做出了很多人不能理解的转型选择。

谢敏说,教育的本质是相通的,只是对象有所差别。她注意到李薇的兴趣后,专门从监狱的图书室里找出几本《新概念英语》,辅导李薇在空闲时学习。"一来是转移她的注意力,降低疾病和思念家人的痛苦,二来也能让她学点东西,将来出去能有一技之长。"谢敏说。

很快,李薇在学习英语中找到了乐趣,时常会跟谢敏请教探讨,渐渐地,她的精神状况有了很大改善,也不再封闭自己。为趁热打铁,谢敏安排李薇帮助监组内其他女犯辅导改造心得和学习笔记的撰写,增强了李薇的自信心。

眼看改造在朝好的方向发展,李薇的病情却突然加重了。2018年初,李薇接连五次被送入监狱总医院,病危通知书下了三回。作为主管民警,接到罪犯的病重病危消息,都需要第一时间进行处置。在谢敏印象中,最严重的一次,等她赶到总医院时,李薇已经休克了,在抢救中,双足水肿得像馒头一样大。

"当时只觉得,她还这么年轻,走了太可惜了。"回忆起李薇病重的时刻，谢敏湿了眼眶。监狱根据总医院对李薇病情的鉴定，经过集体讨论，同意对李薇启动保外就医。

然而，这一过程并不容易。根据司法部等五部门联合出台规定，规范暂予监外执行工作相关要求，罪犯保外就医期间的生活和医疗等费用，由其本人或者作为保外就医的保证人承担。李薇家境实在困难，作为保证人的父母无力承担她出去后的治疗费用。监区向监狱职能科室汇报后，与当地有关部门进行了沟通，酌情对李薇予以补助。

"离开了就别再回头"

离开南汇监狱前，同监组的女犯给李薇送去她们在园艺劳动时亲手栽培的一盆兔儿牡丹，为她送行。圆柱形的根茎直立着，伸出绿色的三角形叶片，玫瑰色的花瓣像倒挂的爱心，吐出白色的蕊。兔儿牡丹的花语是"当归"。

"李薇，出去了就别再回头。"

"真想换个地方和你们相逢，出去以后我一定会把'余生'当作'新生'来过，把一天当作一生来过。"

离别前的对话，谢敏至今还记得。

李薇不知道的是，就在父母来上海接她回家的当晚，是谢敏自掏腰包把从未来过上海的双亲安排到监狱附近的旅店住宿、吃饭。谢敏说，当时看到李薇父亲黝黑的双手，因为常年务农而长满茧子，心里一阵酸楚，她拿出当天身上仅有的800元钱塞到老人手中。

回到老家后,李薇在父母的悉心呵护下,病情逐渐稳定。每隔两个月,李薇都会给谢敏写一封信,汇报她在监外的身体状况和思想近况。

最近听说李薇在家里开起微店销售日用品了,谢敏比谁都高兴。"虽然李薇的病一时半会儿难以痊愈,但是只要她回归社会后遵法守法了,我们之前的工作就没白干。"谢敏说。

医者的温度与执法者的底线

文 / 陈雷柱

31岁那年，李东红作出了自己职业生涯中的一次重要抉择，从一名社会医生变成了一名监狱卫生所医生。此后，他的角色始终在执法者与医者之间不断切换。

在上海市南汇监狱，像李东红这样的监狱医生还有几名，他们主要负责整个监狱罪犯的病情管理。在这座以监管老病残罪犯为主的监狱里，约有75%的罪犯患有严重疾病，与普通监狱相比，这里的监狱医生肩负的责任更重，工作的方式也有所不同，除了关注个体疾病外，更关注总体的病情，他们的报表通常会作为工作指导，为监狱的管理提供数据支持。

李东红说，从第一次接触罪犯，到成为南汇监狱生活卫生科副科长，他也曾经历过不适应与困惑，"但当你真正接触到这些重病的罪犯，作为一名医生，内心的责任感总能帮你战胜那些负面情绪。"

身为一个东北人，李东红从上大学起，一路漂泊，从江苏到上海，再从国企医院到监狱卫生所，他用了十七年时间去适应和了解,最终为自己的职业操守下了一个定义——保持温度、守住底线。

迁　　徙

李东红关上车门迅速上车看了一眼身旁那名身穿囚服的62岁罪犯,他因患急性闭角型青光眼,此刻看上去脸色极差,不时犯恶心。来不及吃早饭,李东红等人很快驾车驶出了南汇监狱大门。

2019年5月22日上午8点多,李东红刚刚上班就被告知有罪犯需要外出就医,尽管监狱总医院与南汇监狱在同一个大墙内,但面对这样棘手的病患,他们必须前往社会医院就诊,这是李东红日常工作中的重要组成部分,这样的救治机制,也是这座老病残犯监狱里许多罪犯的生存保障。

从南汇监狱到社会医院,大约半小时的车程对于李东红来说并不轻松,车上罪犯眼痛、偏头疼、恶心等症状一直在持续。赶到医院后,从检查化验到手术治疗,李东红要全程陪同。这个时候,他的手机突然响了起来,电话中,同事告诉他,监狱里一名罪犯因突发腹主动脉夹层血管瘤情况非常危险,必须立刻送出监狱进行手术。

这个电话让李东红急出一脑门汗珠，他知道，这种情况一旦耽误而发生意外，很有可能让罪犯失去抢救机会，会在短时间内造成死亡，但他现在分身乏术。

打了一通电话，紧急联络另一位副科长将这名罪犯送往社会医院后，李东红还是不时担心。直到下午三点左右，患急性闭角型青光眼的病犯就诊结束了，李东红等人立刻动身返程，他在心里盘算着，将罪犯送回监狱后，再去了解一下患腹主动脉夹层血管瘤的罪犯的详细病情。

然而，汽车刚刚启动不久，李东红在途中又接到任务，监狱里一名罪犯左脚跖骨骨折要立刻治疗。紧急赶回监狱后，李东红再次出发了⋯⋯

李东红忙完手头工作，将罪犯安全送回监狱时，太阳早已落山，这是他一整天的工作，却只是南汇监狱卫生所过去十多年间一个小小的缩影。

李东红今年48岁，定居上海多年后，这个来自东北的汉子身上，已找不到东北人的特征，看上去更像是一个地道的南方人。1995年，李东红从苏州医学院毕业后，进入上海一家国企医院工作，他用了七年时间逐渐适应医生的身份和上海的生活，甚至，在这里有了自己的家，结婚生子，他的妻子和他一样也是一名医生。

然而，好景不长，2002年企业倒闭，不少职工纷纷下岗，李东红也不得不考虑"自谋职业"，但是与其他同事不同，他这样的双职工家庭，在重新就业的问题上也面临双倍的压力。李东红说，那段时间，他四处奔波，一心想找一个能同时容纳他和妻子两个人的单位，"我需要一份工作，但也不能影响我现在的家庭生活。"

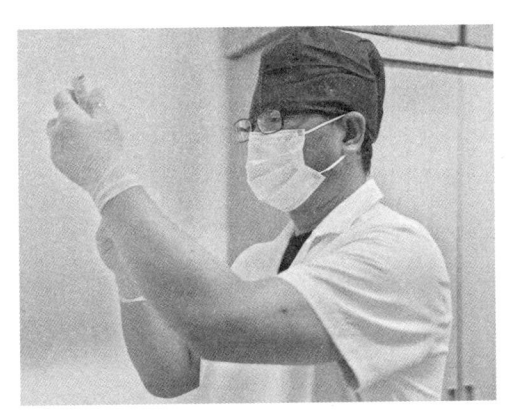

就是在这样的情况下，李东红最终进入了上海市监狱管理局下设的白茅岭社区医院，成为一名监狱医生。这家医院与社会医院不同，和监狱卫生所也有差异，它给监狱罪犯诊治病情，同时也向社会开放。李东红至今仍能想到第一次面对罪犯时内心的不安，他说他此前从未想过，有一天要面对那样的境况，但是现实的压力，让他不得不学会以另一种方式生活。

李东红后来回忆起在白茅岭社区医院工作的那段日子时称，这是他整个职业生涯中一个重要的过渡期，"从大学开始，我一路迁徙，从东北到苏州再到上海，最后从一名医生转而成为一名监狱医生，那五年的工作与生活，成为我之后成长的重要基石。"

挑　　战

实际上，李东红的迁徙之旅到白茅岭社区医院还远没有结束。2006年，他与妻子陆续从这里调离，他被调往上海市新收犯监狱卫生所，在这里，他的工作环境再次发生了变化，他再也看不到来自社会上的病人,他的病人从这个时候开始永远只有罪犯。

在长期与罪犯的接触中,李东红逐渐发现,来监狱卫生所的罪犯,除了真正生病的患者,还有一些人是为了逃避劳动而装病,个别罪犯在患病之后,为了达到逃避劳动的目的,拒不配合治疗,甚至想尽办法使病情加重。

李东红说,在新收犯监狱的工作,让他明白监狱医生在这里的职责,并不是单一的看病开药,有时候也会附带一些配合管理的职能,在这种情况下,身为一名医者,他的工作要求也发生了变化,"需要从一名外科专科医生向全科医生转变。此外,我们还要在工作中通过与罪犯的接触了解他们内心的真实想法和精神状态,为监狱管理工作提供参考。"

基于这样的原因,李东红购买了大量相关书籍,提升自己的业务技能,他说,他必须在骤然发生变化的工作环境中学会适应,而最直接的办法,通过学习充实自身能力。

2007年,为配合上海监狱现代警务机制建设,上海市监狱管理局在周浦镇建设了一座集中关押老病残罪犯的特色监狱——

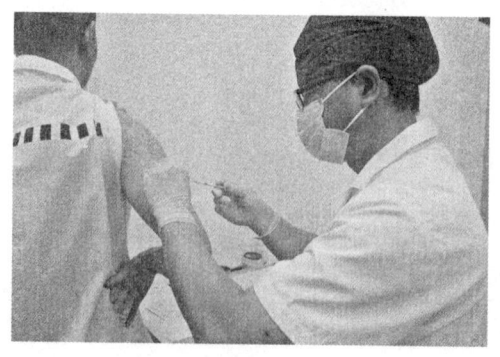

南汇监狱。监狱投入使用之后,来自上海市各司法单位的几百名民警及医务人员被调到这里,李东红也是其中一员。

实际上,早在动

员工作开展之初,李东红就已经在考虑调往这座新建的特色监狱。那时,他与妻子两地分居,聚少离多,而南汇监狱所处的周浦镇距离他家非常近,他在心里盘算着,如果能够调往南汇监狱工作,他的家庭生活也将因此安定下来。

就像最初决定前往白茅岭社区医院工作一样,这一次,李东红同样因为家庭原因选择走出"舒适区",决定迎接新的挑战。他在回忆起十二年前的那次抉择时称,这些年他在工作中的几次重要决定,都是为顾全家庭生活,"每次环境的变化,都会对我们提出新的要求,我必须全力适应,及时充电。"

然而,在南汇监狱面临的新挑战远远超出了李东红的预想。他说,他在最初听到"老病残犯监狱"这个名头的时候,已经料想到这里的病情一定很多,工作强度以及工作要求也势必比以往要高出许多,但他当时仍觉得兴奋,觉得这件事很有挑战性。但真正调到南汇监狱之后,面对全监狱75%以上罪犯患有疾病的现状,李东红在最初一段时间显得有些焦头烂额。他说,自己之前在新收犯监狱给罪犯看病都是一对一,但到了南汇监狱,由于病患数量过多,经常会出现一对多的局面,"这里罪犯外出就诊率在上海所有监狱位居第一,半夜押送罪犯到社会医院挂急诊更是家常便饭,最重要的是,这里的罪犯大多患有严重疾病,他们与一般罪犯相比,潜藏极端情绪的可能性更大。"

从36岁到48岁,在南汇监狱,李东红与他的同事们在与危重病犯的接触中,得到了成长也发生了改变。他说,在高强度的工作中,除了专业的医疗技能,他们也逐渐培养出更为出色的沟通协调能力，工作方式也和以前完全不一样了。

家与"家"

李东红工作方式的改变，是从他进入南汇监狱工作后开始的。他说，南汇监狱"老病残犯监狱"的特征，决定了这里卫生所的工作注定与其他监狱不同，除了日常的病情管理，对患病罪犯进行诊疗、指导自我康复外，还要把病情危重的病犯及时检测起来，这其中，最重要的一项工作，是对整座监狱所有病犯的病情进行统计和管理，形成报表，为监狱的管理工作提供数据支持。

但这些工作并不能机械化运行。李东红说，监狱的危重病罪犯，与普通的罪犯不同，和社会上的普通病人也有所区别，"这是一个特殊的群体，他们渴望健康，但更需要关怀，但这些对他们来说，往往是一件十分奢侈的事，许多罪犯好几年都见不到家人，有的甚至在临终之前，家人也不愿将他们接回家。"

在李东红的记忆中，一名叫刘毅朴（化名）的罪犯曾给他留下了深刻印象，也让他学会从另一个角度看待这座特色监狱里的罪犯。

李东红记得，2007年南汇监狱建成投入使用后不久，刘毅朴就从其他监狱移押到了这里。这名1973年出生的罪犯此前因犯故意杀人罪被判处死缓。与监狱里其他重病罪犯相比，刘毅朴并不算高龄，甚至没有李东红年纪大，却因为左肺毁损、肺动脉高压、肺结核等病症显得异常虚弱。

因为刑期长、身体差等方面原因，刘毅朴一度自暴自弃，不配合治疗。2009年前后，他甚至已经拒绝服药。李东红在获知这一情况后，用了一周时间，尝试走进刘毅朴内心说服他接受治疗。他说，刘毅朴的情况必须及时干预，如果继续放任，不但威胁他个人生命，也不利于监狱管理，"讲了很多道理，但都没有太大效果，直到后来，我发现和他谈到家人时，他眼神里总能闪出不一样的神色。"

通过向监区了解，李东红得知刘毅朴曾因杀害妻子被判刑，此后，他的家人对他一直十分冷漠，几乎从不来探视，"我们分析这可能是他没有求生欲望的关键因素，后来我们就从亲情方面入手，最终说服刘毅朴接受治疗。"

2018年开始，刘毅朴的病情逐渐恶化加重、感染，甚至还患上支气管扩张。李东红说，监狱曾给刘毅朴办理保外就医，但最终因为其家人不愿接收而作罢。

李东红说，刘毅朴在生命的最后一段时光过得十分落寞，这让许多监狱医生和民警都感到不忍，"尽管他曾触犯法律，但已经受到制裁，那时他面临生命的终结，却得不到家人的关怀，虽然他的家人不愿接收他，但他在这里生活了十多年，南汇监狱在某种程度上也算是他的另一个'家'，出于这样的考虑，那段时间我们与他的关系也发生了微妙的变化，相对于执法者，更像是他的家人，直到现在他已经去世快一年了，这里仍有人时常提起他。"

刘毅朴最终因为大咯血在监狱总医院去世，病亡前，他没有留下任何遗嘱，但他在生命的最后时刻，向病床前的监狱医生和民警表达了自己的谢意。李东红说，在这座老病残犯监狱里，像刘毅朴这样的罪犯还有很多，面对这座特殊监狱里的特殊群体，对于监狱医生来说，特殊的环境赋予了他们特殊的使命，也提出了更高的要求，"要牢牢守住法律、安全的底线，不越雷池一步，但同时我们要以另一重身份，以医者的温度促使他们向善、向好。"

别／样／的／人／生

第五章　墙外世界

好久没能握住你的手

文 / 卫佳铭

2019年5月29日,上午10点,上海市南汇监狱习艺楼里。

"国是我的国,家是我的家,我爱我的国,我爱我的家。"

舞台上,20名身着白色囚服的二监区罪犯齐声歌唱;舞台下,32岁的冯慧(化名)坐在观众席中,目光紧紧盯着舞台右侧,不住地泪流。

一首歌曲唱完,表演者排着队走下舞台。队伍里,忽然有一颗脑袋转向观众席,努力地寻找。他叫刘云涛(化名),南汇监狱二监区罪犯,冯慧的丈夫,以及两个孩子的父亲。

时间倒回5个小时前。清晨五点,天刚蒙蒙亮,冯慧就起了床,她拿起梳妆台上闲置已久的化妆品,开始往脸上涂抹。这天,她要前往南汇监狱参加2019年上半年的狱务公开开放日活动。

所谓狱务公开,是指监狱将执法工作的条件、程序、结果依法向社会公开,而开放日活动就是深化狱务公开工作的重要举措之一,通过文艺汇演、教育成果展示、亲情帮教等活动,让社会深入了解监狱在教育和矫治罪犯开展的工作和取得的成果。

红歌会上,二监区罪犯演唱歌曲《国家》

(一)

一周前,冯慧接到监狱狱政管理科打来的电话,因丈夫在监狱改造表现良好,她被邀请参加今年的开放日活动,有机会近距离了解丈夫在狱中的生活。那一晚,冯慧激动得在床上翻来覆去了半宿。

梳妆半个小时后,她换上一身浅蓝色的条纹衬衫裙,随后轻轻推开房门,出门赶清晨第一班从青浦驶往南汇方向的地铁。即便这么早出门,冯慧抵达南汇监狱时,还是有些迟了。八点十五分,她一路小跑来到家属等候区。

"就等你一家了,路上堵吗?"负责接待家属的民警问道。

第五章 墙外世界

民警为家属介绍分级处遇制度

"地铁太久了,下了地铁一时没打到车,对不起警官。"冯慧有些不好意思。"来这里签个字吧。"

办完入监的手续,冯慧赶忙走进一旁的洗手间,整理因为一路奔走而凌乱的仪容。快两个月没有见到丈夫了,她说,要让他看到自己在外面生活得好好的,才能安心在里面改造。

(二)

和冯慧一样焦急等待着见到大墙内亲人的还有郑林(化名)。郑林的父亲是五监区的一名老年犯,几年前,因一起经济类案件被判处有期徒刑十年。已过花甲之年却锒铛入狱,郑林一直担心父亲在狱内的精神状态。得知受邀参加开放日活动,正在外地出

开放日上,民警为执法监督员介绍改造情况

差的郑林昨晚特地买票回沪,一早从奉贤驱车赶来。

红歌会开始前,28名罪犯家属在监狱民警的带领下参观了六监区。这也是郑林第一次走进父亲的改造生活,细心的他注意到,监舍里安装了电扇,都是上下铺,被铺像一个个叠放整齐的"豆腐块儿"一字排开,"有点像我们大学时候的宿舍",郑林说。

郑林跟在家属队伍中,一边慢慢前进,一边认真地听着民警介绍,父亲在监狱内的服刑生活仿佛活灵活现地呈现在了他眼前。"每天六点起床,六点半开封,七点早餐,七点半晨读,八点开始劳动,十点半午餐,十一点继续劳动,三点劳动结束,三点半点评,四点三刻晚餐,八点半收封,九点半就寝。"郑林把父亲的作息反复念了几遍,父亲年纪大了,他最担心的是他能否休息好。

在监舍左侧的活动区域,摆放着一排桌子,陈列着罪犯在学习时间创作的书法和国画作品。家属们围着桌子,三三两两,交头接耳。从前完全不认识的他们好像在这一刻变成了相识已久的故人，互相帮忙寻找着自己亲人的作品。慢慢行进的队伍中，冯慧的步子最快，她希望能快点见到丈夫，哪怕多一分钟也好。

（三）

参观完监区后，家属跟随监狱民警来到接见大厅，在自助查询机上，查看亲人服刑情况。作为依法治监、深化司法体制改革的重要举措，狱务公开是建设行为规范、运转协调、公正透明、廉洁高效的执法管理体制的重要内容。

2014年4月，司法部决定在上海等9省（市）11所监狱开展深化狱务公开试点工作，南汇监狱作为上海监狱深化狱务公开的唯一试点单位，率先展开先行先试。

在家属会见区，自助查询终端像银行ATM取款机一样放置在一个个小隔间里，罪犯近亲属可以凭借会见单自助查询。

前不久，因贩毒被判十五年的罪犯张某的妻子来看望张某，在会见区等待的空隙，她来到自助查询机前用会见单上的条形码扫描进入系统，查看了张某近期的就医情况、奖惩情况

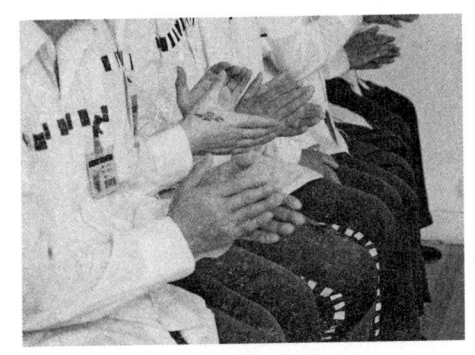

台下的罪犯在鼓掌

等。"他在监狱里表现很好,已经四次减刑,我们也鼓励他在监狱好好改造,早日回归社会。"张某的妻子说。

该系统自投入使用至今,罪犯有 15 万余人次登录该系统,页面浏览量 33 万余次;罪犯近亲属有 2 万余人次登录该系统,使用率达 85% 以上,页面浏览量为 4 万余次。

信息查询系统只是南汇监狱狱务公开的一个缩影。南汇监狱相关负责人介绍,南汇监狱在调研公开对象需求的基础上,梳理出公开内容清单、修订狱务公开手册。同时开通 24 小时咨询、留言电话,方便家属咨询了解情况;使用 LED 电子大屏滚动播放罪犯的教育改造情况等。很多罪犯家属感慨,"监狱的管理非常规范,必定会让罪犯受益,也为我们了解他们的狱内改造生活情况提供了很多便利。"

家属前往习艺楼观摩红歌会

（四）

红歌会上，来自南汇监狱七个监区的罪犯呈上了形式各异的大合唱：六监区的中老年合唱团带来小诗《苔》及诗朗诵，表达了老年犯们改过自新的决心；全场最专业的歌声来自七监区，女犯们带来《我和我的祖国》和《红旗颂》，表达了对国家和党的热爱。上台前，女民警还为每一名上台演出的女犯化了淡妆。最终，七监区的表演收获全场最高分，摘得红歌会的第一名。

红歌会后，家属们终于等到了最期待的环节——优惠会见。在开放日当天，家属可以不用隔着玻璃，与大墙内的亲人面对面交谈。

开放日当天的亲情会见，罪犯和许久不见的亲人近距离会面

距离刘云涛和冯慧上一次见面,已经过去足足两个月了,眼前的冯慧,瘦了,也憔悴了。刘云涛说,从前他在家时,他负责养家,冯慧照顾孩子,虽然也辛苦,但要比现在看起来精神多了,"我在家,很多事她不用管,现在,不一样了。"

开放日前夜,刘云涛正巧进行值星劳役到深夜十二点,但次日早晨五点,他就醒来了。刘云涛一早晨想了一肚子要对妻子说的话,真见了面,嘴却像灌了水泥,一句也蹦不出。两个人看着彼此,良久没有说话。刘云涛主动打破沉默,他从面前果盘里拿出一块小蛋糕,拆开包装纸,递到冯慧手中。出事以来,这是他第一次有机会,亲手给妻子送上吃的。

"你好吗,孩子们好吗,爸妈好吗?"

"都好都好。"

时间倒回2016年10月,刘云涛私自注册子公司被所在公司老板举报,最终以职务侵占罪被判六年。出事前,他是家里的顶梁柱,他和妻子相识于年少时,早早结婚并有了两个儿子。刘云涛被带走时,小儿子尚在襁褓之中。

初到南汇监狱时,刘云涛和很多新收罪犯一样,心理上承受不了漫长的牢狱生活,显露出些许自弃的情绪。在上海打工的冯慧每月一次前来会见,把家中的情况说给他听,他才有了坚持下去的信心。

他们上小学二年级的大儿子至今不知道,离家两年多的爸爸每月一次的"越洋电话",其实是从监狱里打来的。坐牢的事,刘云涛不许孩子知道,他担心他们会自卑,抑或在学校里遭到老师和同学异样的眼光。冯慧只告诉儿子,爸爸去国外工作了,要几年后才能回来,"但他是在挣钱养家呀"。每月一次的亲情电话,刘云涛都装作是从国外打回来的,夫妻俩配合默契,从未在孩子面前露出破绽。

刘云涛说,等将来孩子长大了,他会将这段经历原原本本地告诉他们。他希望孩子们理解父亲是怎样的一个人,也想让自己更加铭记从跌倒中重新站立起来的过程。

在谈话中,刘云涛才知道,他的父亲前几个月骨折了,冯慧忙着照顾一家老小,这才许久没来看他。一个人撑起一个家,冯慧最怕的就是有人生病。有一回,小儿子夜里突然发起高烧,冯慧抱着孩子去医院挂急诊,折腾到天明,第二天依旧要顶着一夜没睡的倦容去上班。不过这些,她从未对刘云涛说过。

在妻子的坚持鼓励和主管民警的开解下,刘云涛很快将心态调整过来,积极投入改造。因为表现良好,他可以参加监狱面点师培训。在外面时,对于厨房里的活计,刘云涛一窍不通,现在他已经会做一些简单的中西式糕点。他说,等到出狱的那天,一定要亲手做给冯慧尝尝。

(五)

"距离本次会见结束还有一分钟,请各位注意把握时间。"谈话间,三十分钟的优惠会见很快到了,听到民警的提示,刚刚一直镇定的郑林忽然站了起来,上身越过挡在身前的桌子,一把搂住父亲的肩,轻轻地拍打,眼泪夺眶而出。

"爸,你一定要在里面好好的。我们等你回家。"年近不惑之年

的郑林哭得像个大男孩。

悲伤仿佛在空气中传染开去，邻桌的几对家属也都开始默默抹着眼泪。这一别，再见面也只能是隔着玻璃听到彼此的声音，不知何时才能触碰到亲人温热的双手。

临走时，刘云涛对冯慧说了好几遍"你放心"，余刑只有三年四个月了，他会好好表现，争取减刑早日回归。

半年一次的开放日，不仅是像刘云涛一样的罪犯所期待的大

事，也是监狱民警的天字一号工程，从筹划到准备到现场监督，每一个环节都精心设计。不过，民警们觉得，能通过亲情帮教的方式帮助罪犯走好改造之路，累也值得。

  据了解，南汇监狱不断拓展罪犯生命文化教育体系，提出并实施"正修"系列教育活动，作为重塑罪犯价值观的重要抓手和践行改造宗旨的有益平台。在监狱党委看来，监狱通过举办开放日活动，就是希望打造规范的改造环境、温润的矫治环境和公正的法治环境，稳步建设世界最安全的监狱和全国改造质量最好的监狱，力争向社会回送合格公民。

高墙内的非遗"匠人"

文 / 宋蒋萱

没有足够的空间放置自己的折纸作品,这是一直困扰上海市南汇监狱三监区罪犯胡冬(化名)的难题。

自 2018 年南汇监狱举办"非遗进大墙"以来,三监区引入了折纸作为自己监区的非物质文化遗产传承项目,胡冬的艺术天赋就派上了用场,先后用折纸三角插技术制作出约两米高的上海东方明珠模型,还有自行设计的老鹰、孔雀等动物模型,春节期间,胡冬又为监区设计了纸质的大红灯笼,这个设计被监狱采纳。

学习折纸不到一年的时间,57 岁身患鼻咽癌的胡冬已经制作大大小小几十件折纸三角插作品,他为收纳问题犯了愁。监区为他提供了一只纸箱摆放作品,放不下的只能运送到仓库中去。他只得把作品层层叠叠挤放在一起,两米高的东方明珠在搬运过程中遭到损坏,黑色的老鹰断了翅膀,绿色的孔雀掉了雀冠……"心疼死了",胡冬一想起就难掩心痛,他说,这些作品就像他的孩子一样宝贵,是在剩余近五年刑期中的心灵寄托。

在三监区引进折纸的同时,七监区则引进了绒绣项目,40

岁的女犯梁云（化名）将在一年后刑满释放，她计划继续利用监狱中学习的绒绣技能找一份工作、或开个小店，再绣制一幅山水画，当作送给阔别已久家人的一份回归礼物。

在南汇监狱中，棕编、打莲湘、琵琶、折纸、太极等九个非遗项目走进了大墙，很多罪犯如同胡冬和梁云一样，在学习非遗的技能中找回了自我，建立了信心，稳定了心态，强健了体质。

在"非遗进大墙"活动中，南汇监狱打破了非遗教育传承过程中存在分离化、零散化的缺点，根据罪犯病情特点和监区押犯结构，形成相互连接、融会贯通的教育传承链条的基本模式。一方面在全体罪犯中开设非遗通识课程，另一方面不同监区选择开设不同的非遗技艺专业课程和非遗推广项目，如为病犯选择太极拳、打莲湘等康复锻炼项目；根据罪犯的再社会化需求，为罪犯选择上海绒绣、三林刺绣等具有一定就业前景的项目。

"要把这个官司'吃'得满满的"

胡冬出生于1962年，曾从事家电维修工作，本该在50岁知天命的年龄享受儿孙膝下的天伦之乐，却在当年犯下一宗故意杀人案。

胡冬本身有自己的家庭，两个儿子业已成年。案发那年，胡冬因患鼻咽癌一事，与女友产生争执，女友提出分手并称要离开他，胡冬受不了折磨，称自己活不长了，也不想让她活，后用菜刀将女友砍成重伤。

2013年，胡冬被判犯故意杀人罪，判处有期徒刑十二年，于 2013 年移押到南汇监狱服刑。就在胡冬入狱两年后，他的妻子去世，2015 年以后，两个儿子也与他断了联系。

由于罹患癌症，家庭接连发生变故，胡冬在狱中服刑的情绪一度不稳定。如今回想起来，胡冬也承认当时"脾气不好"。

经主管民警与他多次谈心，胡冬逐渐在狱中找到自己情绪的寄托。他先开始练字，并向一名绘画专业的同监室罪犯学习绘画、练字，以转移自身注意力，达到稳定情绪的成效。

渐渐的，绘画和书法的魅力将胡冬吸引。他照着期刊、书籍的广告插画页面或风景、人物照片，一遍遍地画、一遍遍地练，用了三年多，逐渐掌握了速写、素描、水彩的技法。

"开始的时候我就捡垃圾桶里的废纸画，有人劝我，说这样会有人看不起你，我说都不要紧的，我觉得这样值得"，胡冬一边回忆一边笑了，脸上的皱纹沟壑纵横，近视镜片后的双眼透露着柔软的情绪。

到了 2018 年，南汇监狱制定了以"非遗进大墙"项目为代表的病犯教育活动，注重文化改造的教化功能，充分发挥文化改造的规范、自律、熏陶和导向作用，让病犯在非遗项目中陶冶情操。南汇监狱结合上海非物质文化遗产代表性项目，探索性引入江南丝竹、浦东剪纸、蛇身龙形太极拳、折纸（奉贤乡土艺术）、打莲湘、浦东派琵琶、上海绒绣、三林刺绣等。

胡冬所在的三监区根据关押罪犯的特点，将折纸作为非遗项目引入。折纸原料简单，操作性强，学习难度适中，将长方形的纸片折成可插片的三角形零件后，再将多个三角形插叠组合成各种动物造型、建筑物造型等，也称"三角插"、"立体折纸"。

这个项目除了让折纸作品可以"立"起来，还会显得比普通折纸更加可爱、有挑战性，只要具备足够的创造力、想象力和耐心，就可以利用三角形零件组装成任何形状的有趣作品。制作三角插折纸作品不仅可以锻炼大脑、愉悦身心，作品还可当作摆件、装饰物，可作多种用途。

2018年4月，折纸老师进入南汇监狱，给三监区罪犯上了第一节折纸课。课上，老师拿出一个小黄鸭作为示范讲解，胡冬很快便学会了，并在第二次课之前，根据自己的理解制作出一个相同的小黄鸭。

此后，胡冬慢慢跳出老师的示范和教材，通过自己设计，创造出别具特色的三角插作品。折纸老师颇感惊讶，称同样在社会授课时，学生的领悟力和折纸作品很少能达到胡冬的水平。

2018年10月国庆节期间，胡冬特意设计了一个高达约2米的东方明珠三角插模型。这件折纸作品共由七千余个三角零件拼插而成，由胡冬牵头与其他罪犯共同制作10余天完成。

这件作品的灵感来自胡冬一副未完成的东方明珠油画。他根据画上东方明珠建筑的构造和比例，对折纸作品进行相应放大，并设计了一副立体呈现图纸。

"先从支撑部分的柱子做起，做到平衡非常难，我们在其中用到了纸板用于加固，并在球体中央打了洞，一根柱子从底部直穿顶部，以保证作品的稳固和平衡"，胡冬说，"圆球结构部分我特意使用了闪光包带，看起来就像夜里亮着灯的东方明珠"，说起这件作品，胡冬眼睛里也闪着星星点点的光。

除了东方明珠外，胡冬还设计了黑色老鹰、蓝羽孔雀等折纸

折纸作品——东方明珠

折纸作品——灯笼

折纸作品——孔雀

造型。2019年春节期间，胡冬和其他罪犯在四天时间内共做了一百多个红灯笼，在南汇监狱每个监舍门前挂一盏，为大墙内的春节增添了一笔浓重的希望色彩。

此后，胡冬便承担起三监区非遗项目"小教员"的职责，给其他罪犯上课，传授折纸制作技巧。因身患癌症，胡冬对未来并不做过多奢求，他的愿望很朴素，就是担心没有足够的改造时间来完成所有作品，"折纸让我重新获得了成就感和自信心，我只能和时间赛跑，把这个官司'吃'得满满的"。

与胡冬相同，三监区很多病犯通过学习折纸，找到了"自我价值"。

因双腿残疾长期卧床的罪犯袁某看到自己折纸作品时，感叹道："没想到我还有这种潜力，以前只能天天躺在床上，无事可做，感觉自己都废了，自从学习了折纸，感觉找到了改造的方向。"

"绣一幅山水画送给家人"

五月明媚的午后，几位女犯坐在监区中央放置的几台绷架旁，低头凝目，手持银针，腕部贴着一面绷紧的米色麻布底上下翻飞。

这是关押女犯的七监区引进的上海绒绣项目。上海绒绣——这种在特制网眼麻布上，用彩色羊绒线绣出各种画面和图案的刺绣，被誉为"东方油画"，于2011年被列入国家非物质文化遗产名录。

在绒绣作品中，每一针就是一个小色块，一个画面用少则几万个、多则几十万个小色块来表达。绣制时随画换线，因彩施色，因而色彩丰富，层次分明，形象生动。不但能绣制盘垫、书包等日用品，更善于把国画、油画的笔墨情趣和盘托出，把人像摄影的真切传神再现屏上，给人以强烈的艺术感染力。

　　制作一面绒绣作品，先要把麻布底子用绷架绷紧，再用打格子的方法将原稿放大在麻布底子上，而后根据原稿画面色彩，按照色调、色相、色差的区别染出所需颜色的绒线。一般先绣出轮廓，再绣各色彩块面，最后进行细部刻画。

　　一幅顶级绒绣艺术品的制作周期，往往需要半年甚至一年时间。由于绒绣时间长，回报低，很多年轻人对此并不感兴趣。而绒绣只能人工操作，无法用机器代替，又导致了其价格高昂，难以市场化运作。

绒绣作品——老鹰

40岁的女犯梁云（化名）是绒绣的一把好手。她因运输毒品罪被判入狱十五年，后患上高血压，于2010年移押到南汇监狱。

2018年下半年，她开始接触绒绣，得益于自己此前的刺绣经验，她很快掌握了绒绣的操作技法。近两个月，她正专注于绣一副长60厘米宽40厘米的长城风景图，还剩约四分之一就完成了。

这幅长城风景图的前景是被绿色覆盖的山峦，深绿、浅绿、草绿、墨绿，层层叠嶂；中部一条砖黄色的长城横贯，顺着起伏的山峦向远处绵延；顶部被蓝色的天空笼罩，片片白云飘浮于上。

梁云从未去过长城，专注于绒绣时，她的思绪也随着色块飞舞：须臾间仿佛置身于层峦叠嶂的山峰之间，远眺之处无边无垠；倏忽间好似登上磅礴坚固的长城砖石之上，脚踏之处尽数逶迤；倏然又回到茂密的丛林里，溪水从脚边流过，似乎离自己的家乡更近了些。

绒绣带给梁云的改变是肉眼可见的，她变得更加自信、积极，高血压的病情也更加稳定，改造变得充实、有收获。明年，梁云即将刑满释放，她计划出狱后继续从事绒绣有关的工作，把在监狱中学的技术反哺社会。

梁云还想过未来，她要绣一幅山水画，就像自己的老家，山清水秀，天高云阔，当作礼物送给家人，把改造的成果展示给母亲和哥哥。

在南汇监狱，像胡冬、梁云这样从非遗项目中获益的罪犯还有很多。

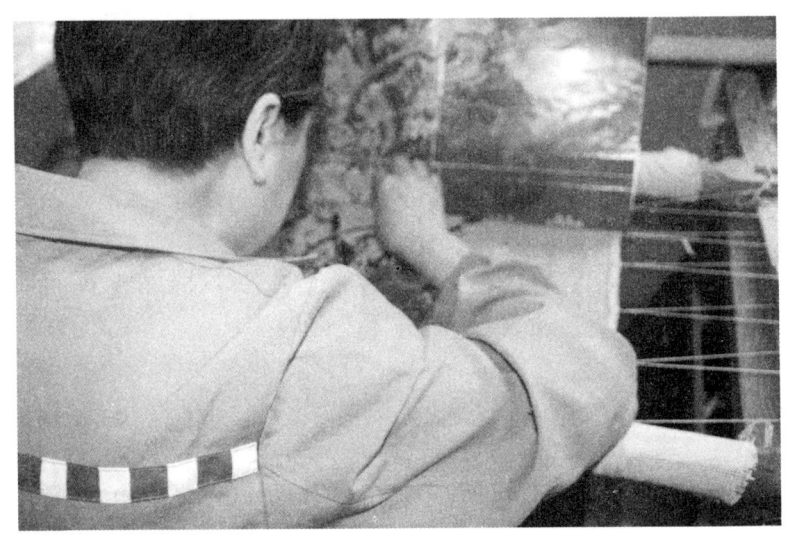

七监区罪犯在学习绒绣非遗项目

聋哑罪犯陆某入狱后,多次因殴打他犯被严管禁闭。在该犯被诊断为肺癌后一度出现严重抑郁倾向,经常流露出对生命的眷恋,知道肺癌的存活率不高,思想深陷在对死亡的恐惧之中,因此紧张恐惧,焦虑不安。危险性评估结果显示该犯狱内危险性极高。监狱鼓励陆犯参加太极非遗项目,引导陆犯正确看待生与死,认识死亡是人生无法抗拒的必然结果,消减对死亡的恐惧和焦虑,突破对死亡的畏惧和不安,勇敢地面对生老病死,进而转化为珍惜生命的强大动力,提高临终的生命质量。此后,评估结果显示陆某参加项目后危险性程度明显下降。

身患高血压、糖尿病等症状的茅某,曾因贪污罪被判有期徒刑六年。入狱后,他虽然在表面上能认罪悔罪,忏悔自己的犯罪行为给自己和家庭带来的危害,但一直认为量刑过重,自暴自弃,甚至在犯群中散布消极言论。后来茅某参加了浦东剪纸非遗项目，在学习剪纸的过程中，通过艺术介入有力地帮助其找到了精神追求，重拾了生活信心。茅某表示在非遗项目中体会到劳动的价值，反思了自己过舒适生活、给子女创造门路的错误观念，悔恨自己犯罪行为在国企干部中树了反面典型，毁坏了国企的形象。

又如监狱引入的"动态"打莲湘项目，以莲湘棒敲击背、腰、肩、臂、肘、两手、两膝等部位和穴道，可以达到舒筋活血的功效，同时，敲击时振动铜钱作响，再配上音乐、唱词，形成丰富的节奏变化，既锻炼了身体，又愉悦了心情。试点监区根据打莲湘舞蹈及器械特点，确定了两步走的方案，先训练传承一批骨干，再以点带面，带动全监区的罪犯。每当莲湘棒舞动的时候，整个监区都洋溢着"生命在于运动"魅力。病犯通过勤学苦练，从一个个单独的动作到能完成一整套动作，整个过程中，他们体会到了自己的成长和进步，体会到自我存在的价值，更体会到生命的意义。

实际上，病犯由于受到病痛的折磨、封闭的环境、饱受社会负面评价、缺乏家人的沟通等客观因素的作用，在狱内往往存在心理问题。非遗项目有效增强了对罪犯进行中华传统文化教育，实现以文化人、以文塑人、以文育人，使病犯更好地理解"仁义礼智信""温良恭俭让""天行健，君子以自强不息"等中华文化的精髓，充分发挥教育改造的治本作用，这不仅能改善病犯的生理机能，更影响病犯的心理，促进身心健康。在非遗项目中，病犯会产生成功的"高峰体验"，对其改造产生正面影响。当个体得到认同，会增强自信心，感觉到自己的尊严和存在的价值。

引进非遗项目后，监狱课题组对病犯进行测评发现，病犯在心理健康水平方面均有一定的改善，太极、打莲湘等项目在抑郁、焦虑因子方面改善明显，对抑郁型人格障碍有较好的矫正效果，在改善抑郁型人格障碍方面较为有效；折纸、绒绣等"静态"项目在敌对、恐怖因子方面改善明显，对冲动型人格障碍有较好的矫正效果；特别是老病残罪犯由于身体机能的问题，刑释后再就业相对困难，而非遗项目中绒绣、棕编等项目如果能够将其社会效益与经济效益有效结合，可以为病犯刑释后提供力所能及的再就业可能。

未来，南汇监狱将根据病犯的身体机能、人格特点、犯罪原因等选择针对性的非遗项目，实现罪犯文化改造个别化。首先，科学分析病犯的犯罪原因和狱内危险性实行分类矫正。对冲动型人格障碍的病犯选择浦东剪纸、江南丝竹、绒绣等相对"静"态的非遗项目，对抑郁型人格障碍的病犯选择太极、打莲湘等相对"动"态的非遗项目，以此激发其改造积极性。其次，掌握病犯的矫正需求，给予不同的激励。对于缺乏改造信心的罪犯在非遗项目中民警选择相对容易掌握的项目，激发其成就体验。最后，根据病犯的不同文化层次和健康状况选择不同的项目。对于身体机能部分退化的老年病犯，监狱引入太极项目，以此达到身心康复。

南汇监狱将积极探索非遗项目"产学业"一体化，实现劳动与矫治相结合，产生一定的社会经济效益，既有益于罪犯积极性的调动，也为罪犯提供一种刑释后再就业的途径。监狱也提倡罪犯出狱后将非遗的传承、生产加以延续，切实体验传统技艺对自己生活的贡献，领悟非遗传承的价值与责任。

别／样／的／人／生

第六章　民警风采

编者按：

党和国家赋予了监狱人民警察执法的权力，然而，在幕后默默支持工作的家人才是所有民警最坚强的后盾。

采访中我们得知，上海监狱会选派民警远赴域外皖南等监狱交流锻炼，或到其他省市执行专项任务等，少则一年半载，多则数年，他们所到之处都是条件艰苦的地方，家中留下的是年迈的长者和年幼的孩子。他们舍小家为大家的精神让我们深感敬佩，这里我们想把"话筒"交给民警家属们，让她们表达一下内心最朴实的期许、最深情的告白！

致最可爱的人

（一）

我是南汇监狱民警薛裕斌的妻子沈召瑛。

警察是一个特殊的群体，始终牢记国家利益高于一切，舍小家为大家是你们的座右铭。

作为警察的家属，会有很多的人羡慕，因为我们的爱人是警察，但其中的冷暖甘苦却都尽在不言中。他在皖南监狱工作的那几年里，基本顾不上照顾家里，孩子生病、老人有事，都只有我在独立支撑着我们的家。终于等到他从农场回来了，分配到南汇监狱工作，那里集中关押老病残罪犯。开始时我很担心他，与肺结核、肝炎等病犯的近距离接触会不会传染到疾病？他却淡定地说，我们有消毒防护措施，不要担心！后来他调到科室上班，经常加班、值班，有时回到家里他还要查阅相关资料，学习相关法条，很忙碌、很辛苦。但一想到你们舍小家为大家，一看到你们头顶庄严国徽，身着庄重警服，作为家属唯一想到的就是尽心尽力把家里的活做完、做好，来减轻你们的负担。我们一定会克服家庭生活困难，做你们坚强的后盾。

选择什么样的爱人就选择了什么样的生活方式，不管前面的路有多艰辛，不管明天是风和日丽还是风雨兼程，我们会一路陪你们走下去！做好你们坚强的后盾，义无反顾地支持你们的工作。希望你们能兢兢业业，无愧于你们的责任，无愧于信任你们的人民，无愧于你们头顶上的国徽。共同的担当令我们的生活充满生机，共同的责任让我们的生命充满意义！

（二）

我是南汇监狱民警姚佳伟的妻子郭丹菁。

根据组织安排，姚佳伟要去外省市执行任务很长一段时间，说句心里话，当我得知这个消息的时候，我的内心是拒绝的。因为这里即将带走的不仅仅是一名普通民警，他更是家里的"维修工"、"清洁工"、"后勤保障"和"带娃友军"。不敢想象未来的时间里会有多少鸡飞狗跳,满目疮痍。但即便如此,我不会因此自私地拖住他的脚步。世界那么大,中国那么美,我们该去看看,当我们还年轻时。

后天,姚佳伟即将告别父母、儿子和我,离开家乡去执行任务。作为家里的主心骨,他深知这次远行必将给我们带来生活上的压力和精神上的空缺,可又想到这是组织的召唤,他没有犹豫,没有退缩。他的坚强勇敢成了我们全家的骄傲与自豪。

这次的任务是一项神圣的工作任务,更是一份崇高的政治责任。作为一名普通公民,我为曾经、现在以及将来参与此项工作的同志们表示我最崇高的敬意。在寂静的山谷,秀美的水路,你们的身影陪着日出,披着星光。祖国的繁荣安定,每一位中国人心底深深的安全感一定来自于你们——这群"最可爱的人"。无数个你们,用行动书写着对祖国的忠诚与热爱。作为家属,无数个我们愿意在你们身后给你们最大的支持。道之所存,虽千万人吾往矣。我愿用我的赤子之心来表达对我脚下这片共同的土地爱得深沉。

最后,我想说:未来的时间一定是辛苦的,是充满挑战的,但不要只低头看脚下长路漫漫,记得抬头望头顶星光璀璨。金色盾牌的光芒,正守护着千家万户!

一双手，破译无声密码

文 / 卫佳铭

"掌心向下，轻碰下巴，代表等一等""翘起两个大拇指，并拢放一起，意思是朋友"，53岁的颜姐说起手语动作时很自然地举起双手在空中比划，动作干脆利落。

一头短发，一身制服，鼻梁上架起一副金边眼镜，走路带风，说起颜姐，南汇监狱的小年轻们几乎无人不知无人不晓，无论谁在办公楼里见到她，都愿意亲昵地喊一声"颜老师"。

颜姐是南汇监狱手语团队的创始人，曾带领团队拿下市级、局级诸多奖项，如2012年获得上海市监狱管理局岗位实务比赛二等奖，2017年获得上海市聋人协会组织的涉外服务窗口手语公益大赛第一名。手语团队，也由此成为南汇监狱的一项特色。只要颜姐走进监区，分押在各监组的聋哑罪犯都会兴奋地挥舞双手，跟她打起手语问好，诉说新近发生的事情。

但少有人知的是，颜姐做监狱人民警察，其实是半路出家。31岁那年，她从国企辞职，通过公务员考试，被上海监狱特招上岗，一干就是二十二年。"因为我是发自内心的喜欢，（聋哑罪

犯）他们虽然听不到，但是看得比谁都明白。"颜姐说。

半路出家的女民警

"如果当时先来的是去原单位的公交，我可能就没机会穿上这身警服了。"性情中人，大多不会随波逐流。二十世纪九十年代初，颜姐大学毕业分配进国企，工作压力不大，岗位清闲，按照一般人的路径，一辈子或许就这样过了。可颜姐偏不，她说，没有挑战的工作体现不了自我价值。

1996年，公务员考试刚刚热起来，她想去试一试。第一年报名，因为忘拿了学历证书，错过。第二年，她长了记性，提前来到上海图书馆，浏览招考的单位和岗位。

彼时，公务员招录有着严格的专业限制，颜姐大学学的是理工科，那年恰巧没有对口的岗位，她转到监狱局的"摊位"前，忽然停住了脚步。招生板上写着大大的"手语"二字，颜姐的心感觉被撞了一下：这不就是专门为我准备的嘛！

颜姐工作的第一家单位是轮椅车厂，需要跟残疾人打交道，出于工作需要，她利用业余时间自学了手语。但是从未接受过警校的训练，也无法律专业背景，就要转行去管教罪犯，颜姐对这样的转型是有疑惑的。

当时在上海图书馆设摊，负责招聘的政治处领导看到颜姐驻足，便随口问她："你会手语？"颜姐点头，同时反问："那你怎么确定我会不会呢？"领导也乐了，说："好办，下周一你来我们单位，我找几名聋哑罪犯，安排你考个试就见分晓了。要是你真会手语，还能通过公务员笔试，这个岗位就是你的了。"

周一一早，颜姐来到公交车站，她当时想，如果先来的是去原单位的车，那她就不去面试了。没想到，刚走到车站，招聘的领导已经在跟她招手了，"那就去吧。"

到了监狱办公室，颜姐被安排跟几名聋哑犯用手语交流，询问他们的姓名、籍贯和婚姻状况等。面试结果是：通过！同年，她通过公务员考试，正式被上海监狱局招录为监狱人民警察。

监狱局"移民"奋斗史

1998年6月8日，是颜姐从警生涯的第一天，她至今记得。那个年代，监狱系统很多人都是一家子在里面上班，颜姐不是，她因此自嘲是监狱局的"移民"。

新兵报到,她被分到三个监组的罪犯,三十余人中,除了三个室长负责报数会说话以外,其他全是聋哑犯。虽然有手语底子傍身,但监管改造业务她一无所知,就连什么是"计分考核"她都不知道。

问,是唯一的出路。当时已过而立之年的颜姐每天追在带教师父后面,遇到任何不懂的问题就向师父求教。最开始的三个月,颜姐几乎每晚都紧张到睡不着,有时候梦中脑海里都在回旋着她管理的女犯名字。

上海的六、七、八月,正是最热的时候,为了减少上厕所的频率,颜姐白天轮值都不敢喝水,即便这样,身上的制服也一直是湿的。

当时她分管的中队中,有一名女犯是一名"老官司",曾不止一次入狱服刑。面对新队长,她带着同监舍的几名罪犯一起试探刚刚走马上任的主管民警,这些小伎俩全都被颜姐一眼识破。

那段时间,为了更好地熟悉每一名罪犯的情况,颜姐每天白天上班,晚上加班看档案,等晚上到家后再安顿孩子。"一旦接受任务,就要做到最好"是颜姐一直没变的性格。

三个月磨合期后,颜姐才开始找到感觉。

"那种感觉就好像是'你懂我'"

语言是管教聋哑罪犯最大的挑战。细心的颜姐发现,一名民警会不会手语,聋哑罪犯对待他的态度会截然不同。"那种感觉就好像是你懂我,所以我信任你。"长期处于无声世界,聋哑人要比健全人敏感得多,因此颜姐会注意照顾他们的感受。

此前虽然自学过手语,但并不系统和专业。周末时间,颜姐自己托人联系会手语的老师,私下拜师学艺。2003年,上海东方手语学校开设第一期手语培训班,她也是学员之一。直到现在,颜姐的家中仍有一个柜子专门放置手语相关的书籍。

日常工作时,在布置劳动任务或者开点评会,她在讲解完后,一定坚持再用手语向聋哑罪犯"说"上两遍。如果健全罪犯和聋哑罪犯发生冲突,她也优先让聋哑罪犯先"说",认真倾听完后再让另一方发表意见,因为"他们生下来就有缺陷,当然更渴望得到别人的尊重"。在查阅罪犯档案的时候,颜姐也发现,很多聋哑罪犯生长环境欠佳,被家庭放弃后流浪社会,缺失亲情走向了犯罪的歧途。

颜姐突然冒出一个想法,给他们多一些鼓励或许会提升改造的效果。颜姐就把监组里的罪犯分成一个个小组,开展劳动竞赛,意在激发他们的团队意识。比赛过后,颜姐明显发觉,同组的聋哑罪犯更加团结了。

因为听不到,聋哑人的洞察力要远超健全人,有时候一些聋哑罪犯还会和颜姐交流近期发生的事情,抒发内心的情绪。

授人以渔

在上海市南汇监狱建监初期的那几年,聋哑罪犯都是和健全罪犯一起管理,常常因为沟通障碍引发矛盾。2012年的一次偶发事件,让监狱领导认识到了聋哑罪犯的需求。一名聋哑罪犯和健全罪犯因内务琐事起了冲突,在推搡中手臂不慎被拉扯脱臼,但因表达沟通不畅而耽误了最佳的就医时间。

监狱领导找到颜姐,希望她能想想法子。

当时,颜姐已经调至科室岗位,在一线和聋哑罪犯接触的机会并不多,她想到了一个根本的方法:培训新入职的民警。

颜姐如此形容那段时间的工作:白天当老师,给新警上课;下了班以后,才有时间把本职工作补上。参加培训的年轻人几乎都没有手语基础,动作做得不规范,颜姐便对着镜子一对一地纠正。

为了让不了解手语的同事更快记忆,她想到把改造过程中常用的专业术语编成七言执法手语操。为保证动作准确的同时力求表达效果,几个周末颜姐和聋人朋友在咖啡店里"咿咿呀呀"挥动双手,一遍一遍地纠正动作。她先把狱内的规则和指令用手语

翻译给聋人"听",再与对方一起提炼相应的手势。

历时六个月的培训之后,首批新进的40名民警都能通过颜姐严格的考试,上岗了。这次的监狱执法手语操也在2012年上海市司法局举办的"基层基础建设年"岗位实务比赛中收获荣誉。

南汇监狱突出业务培训的"真训、真练、实用、管用",结合在押罪犯实际情况,创制和编练了一套符合实际、真正能用的执法手语操,实现了培训工作的新突破。

"首先要尊重他们"

如今,只要工作需要,颜姐还是会时常到监区走走,看到青年民警对聋哑罪犯违纪处置有困难时,她也会私下帮助民警一起解决。担不担心被误解多管闲事？颜姐说她从来没这么想过，"监管改造工作不分你我，帮忙一起进行处置，对聋哑罪犯和对青年民警成长都是一件好事，是双赢啊。"

弹指间，二十二年光阴匆匆流逝，颜姐曾经带过的聋哑罪犯很多都刑满释放了。近些年，南汇监狱收押的聋哑罪犯总数也在逐年减少。她留意到，和健全罪犯不一样，出狱前，民警一般都会询问罪犯谁来接他们，聋哑罪犯的回答多半都是："朋友"。

"一些经济发达地区的聋人境遇会好些外，在很多偏远的农村，很多聋人缺失亲情关爱，家人不管，他们即便在外面犯了事，很多也不会愿意告诉家里，因为本来也没人管他们。"说这话时，颜姐的表情突然凝重。

所以，但凡是有亲属的聋哑罪犯，颜姐都会主动帮忙打亲情电话，一方面能更好地掌握谈话内容，另一方面，也是帮助聋哑罪犯表达思念和诉求。

多年和聋人相处，颜姐觉得自己也从这个群体身上学到很多。在她看来，他们纯净、容易满足、"好管闲事"、喜欢打抱不平，把世界想得很美好，即便是很简单的事，也会认真地去对待。颜姐说，有时候明明是两个健全罪犯间的矛盾，聋哑罪犯看在眼里，也会站出来"说话"。

"首先要尊重他们，如果只是纯粹的去管他们吃饭喝水洗澡，这样子工作就很没有意思了"，说出这话，颜姐是有底气的。除了工作时间，她还受邀参加市区各级聋协举办的活动，或是作为嘉宾，或是作为志愿者，忙得不亦乐乎。

她说，来日退休之后，她还会尽力去帮助聋哑人。

从享誉上海滩的歌星到
监狱指挥中心的指挥长

文 / 朱远祥

  戴一副眼镜，留着平头，55岁的鲍雷身材略胖，脸上时常挂着具有亲和力的微笑。他是上海市南汇监狱警卫队党支部书记、指挥中心指挥长、警卫队队长。

  "我不知道说些什么。"接受采访的鲍雷很谦虚，笑着坦言"压力大"。日常工作中，他负责的工作包括警戒警卫、警务协调、监控管理、应急处置、检查督促等。每天上班，他基本处于满负荷运转的状态。

  不过，鲍雷看起来是个乐天派，善于排遣各种压力——下属称在他手下做事是"快乐工作"，而他喜欢用歌声来悄悄表达内心的情感，如此一来，许多压力、烦愁、疲惫都会被逐渐消化。

  年轻时，鲍雷凭着一副好嗓子，在上海歌星广播大赛中被评为"听众喜爱的上海歌星"，成为上海滩十大业余歌星之一。工作中，他发挥自己的文艺特长，曾在上海市提篮桥监狱分管新岸艺术团长达九年。

从 2016 年 5 月起,鲍雷担任南汇监狱指挥中心的指挥长。他对下属严管厚爱,既要求严厉、细致,又体现人性化的温度,让同事们在高强度的工作节奏中保持积极心态。

听众喜爱的上海歌星

"走吧,走吧,人生难免经历苦痛挣扎;走吧,走吧,为自己的心找一个家……"低回婉转的歌声从鲍雷的手机里传出——这是他用唱歌软件录制的一首《爱的代价》,音质富有磁性。一位同事听了笑着说,"还以为是原唱呢"。

唱歌,可以说是鲍雷最大的业余爱好。他偶尔会将录好的歌放给同事听一听,这被他视为对工作压力的一种释放。

鲍雷的确有唱歌天赋。平常说话,你可能感觉不到他的声音有什么特别,但当他拿起话筒或通过手机配唱,他便立马找到某种"感觉",嗓音变得浑厚而有磁性,歌声悠扬动听。

鲍雷从小爱好音乐,曾师从声乐教育家廖一明、杨惠萍、潘胜华等人。1987 年 3 月,23 岁的他从上海市司法警官学校毕业后,分配到上海市监狱(后来改为上海市提篮桥监狱)工作。上班之余,他积极参加各种演艺

活动，先后加盟上海音像世界艺术团、红烛艺术团，曾多次在上海人民广播电台《上海欢乐时空》等节目中演唱，并获得过"大世界卡拉OK大奖赛"一等奖。

29岁那年，鲍雷的演艺生涯迎来高峰。他在"拿破仑"杯上海歌星演播大赛中，经听众、观众投票评选，成为上海听众喜爱的十大歌星之一，并被聘为上海电台、上海电视台、上海轻音乐团特邀演员。那时候的他，梳着四六分的发型，儒雅俊朗，个人照片刊登在一些报纸版面上，是上海滩演艺圈的风光人物。

"我以前唱得很好的，一般人唱不过我，上海十佳歌星嘛。现在不行了，不过底子还有点。"鲍雷笑道。回首年轻时的业余演艺经历，他聊得挺有兴致。他喜欢唱抒情类的歌曲，最喜欢的歌手是周华健，还有美国的卡伦·卡朋特。数十年来，音乐，成为他业余生活的重要寄托。

2007年，鲍雷从提篮桥监狱调到南汇监

狱。那时，单位为丰富民警业余生活，多次举行卡拉 OK 比赛。开始几年，鲍雷也会参加。"只要他参加，就没人能争第一了。他一上台就把大家的光芒都盖住了，后来他就改当评委了。"南汇监狱总务科民警马俊记得，鲍指挥长爱唱一首叫《鸿雁》的民歌，"唱得真好，我听了都想哭。"

南汇监狱的一些大型文艺活动，比如一年一度的民警春节联欢会，鲍雷经常担任策划、导演的角色。

其实，鲍雷的文艺特长，此前曾经在工作中充分发挥——他曾分管过提篮桥监狱新岸艺术团，时间长达九年。

声名远播的新岸艺术团

2017 年 11 月，上海嘉定警方抓获了一名小偷王某。这名盗窃犯罪嫌疑人在嘉定区南翔医院盗走了三部手机。办案民警发现，45 岁的王某是一名盗窃惯犯，十余年来因盗窃被拘留了十多次。但跟其他小偷不同的是，每次作案，王某并不掩饰身份，甚至在门卫处用自己的身份证登记，给警方留下线索。

民警审讯发现，王某屡屡盗窃，是为了"圆梦"——他文化水平还可以，曾经做过英文家教，喜欢唱歌，年轻时热衷于参加各种选秀节目。后来，他不断盗窃，是为了被关进上海市提篮桥监狱——那里有他所梦想的"新岸艺术团"。

"提篮桥监狱可以提供这个舞台，可以到其他监狱去演出。"王某说，"到了那里，我就可以画上一个圆满的句号。"

王某为进监狱艺术团坚持十年盗窃的事，很快被媒体披露。

2018年3月,上海市监狱管理局在微信公众号发文:《提篮桥监狱新岸艺术团,不是你想进就能进的》。文章指出,监狱组建艺术团的目的不是培养明星、艺术家,而是将它作为罪犯矫治的重要载体,"对那些前科劣迹斑斑、对罪错缺乏自知自省的,是根本不可能进监狱艺术团的。"

王某一事发生后,提篮桥监狱的新岸艺术团引发公众关注。一般外人并不知道,昔日的上海滩业余歌星鲍雷,曾经在新岸艺术团留下了九年的管教足迹。

1999年,鲍雷从提篮桥监狱的后勤监区调到九监区任副监区长,分管管教工作和新岸艺术团。

新岸艺术团成立于1985年3月,是一支全部由监狱罪犯组成的文艺表演团体。艺术团以罪犯改造生活的亲身感受来编排节目,通过艺术表演使心灵得到净化。艺术团成立30余年来,共创作演出各类节目600多个,演出5700余场次,接待观众80余万人次,获得各类文艺宣传奖项100余个,在全市乃至全国监狱系统颇有名气。

鲍雷分管新岸艺术团之前,艺术团有不少从事过演艺专业的罪犯,后来这些人出狱或转往其他监狱,新岸艺术团失去了"团柱子",处于青黄不接的状态。鲍雷调过来后,牵头对艺术团的节目进行重组和创新,丰富了舞蹈、小品、声乐等艺术形式。

文艺特长成为鲍雷工作中最大的优势。他不但指导一些罪犯演员练习唱歌基本功,还亲自组织罪犯结合改造实际,创作了一系列歌曲,比如《认罪服法歌》《劳动改造歌》《队列行进歌》《走向新生歌》《提篮桥之歌》等,这些歌曲至今仍在罪犯中传唱。

"三年一次的全局汇演,我们的铜管乐队连续三次都是第一名。"鲍雷介绍,在对罪犯的改造工作中,相比思想教育、劳动改造等传统方法,文艺宣传往往能起到特别的"疗效","艺术团的节目以罪犯改造生活为题材,罪犯演自己,通过演自己来矫正自己的灵魂。"

新岸艺术团的文艺节目,不但使罪犯演员自己加深了认罪悔罪的意识,而且通过到各个监狱演出,让其他罪犯受到潜移默化的教育。

鲍雷分管新岸艺术团的九年,是这个罪犯艺术团发展壮大的九年。一批又一批罪犯在这个舞台经历了一段特殊的洗礼,也开启了他们人生的新起点。

监狱指挥中心的指挥长

在新岸艺术团当了九年"团长"之后,鲍雷从提篮桥监狱调到了南汇监狱。在这里,他先后做过监区教导员、后勤保障科主任兼生活卫生科科长、总务科科长。2016年5月,他被调到监狱指挥中心任指挥长、警卫队队长。

"来了指挥中心后,我感觉自己以前是游击队,这里是正规部队,责任比以前大得多。"鲍雷说,自己如今的职责涉及指挥中心的监控、协调、指挥,还有警卫队的警卫工作,"这都是不能出错的岗位"他说,"监狱的中枢都交给你了,一些细节没注意可能就会出现事故,所以压力特别大。"

"以前下班基本上就没压力了,现在下班了,头脑上绷着的弦也不能松。"鲍雷记得,有一天下午下班后,他开车从监狱回家,途中遇到一辆消防车往监狱方向开去,他急得赶紧调头跟随,后来看到消防车往监狱前面的一个工厂驶去,他松了口气,这才驾车回去。

每天上班,鲍雷八点以前会来到办公室。他做的第一件事,就是到指挥中心查看记录,询问昨天值班情况和当天交接班情况,了解每个监区的值班安排,处理信息通报,还要完成领导交办的一些事项。

此外,他还要到警卫队了解、布置工作。"会见室和AB门都由我们警卫,警卫任务很重。"鲍雷介绍,上海市监狱总医院和南汇监狱在一个大墙内,整个上海政法系统的罪犯、嫌犯都来这里看病,每天的流动人员、车辆很多,这给警卫工作带来不小压力。

自从当了指挥长和警卫队队长后,鲍雷把工作时间安排得很紧凑。无论是日常的警卫警戒、监控管理,还是各类应急处置、警务协调,都需要花费不少精力。

指挥中心还有项重要职责——检查督促。对于发现的各种问题,需要形成信息进行"周通报"和"月通报",还得根据实际情况进行"日通报",通报的问题包括对罪犯管理不到位的情况、民警履职不尽责的情况,等等。这些通报都需要鲍雷审核把关——这被认为是一个"得罪人"的事,但他并没有当成压力。他的体会是:"第一要公正,对事不对人;第二要注意沟通技巧。"

"你叫人家做到,首先你自己要先做到。"鲍雷说,在平常的工作中,包括警容风纪、上班考勤、纪律制度方面,他都要求自己在同事面前以身作则。

作为监狱的中层干部,鲍雷认为做到三点很重要,一是提高执行力,落实领导交办的任务,二是做好领导的参谋,三是把监狱的事情当成家里的事情一样去做,"做到这三点,我们中层或许就能打 70 分以上。"

在指挥中心信息员闻彦祺看来,鲍雷在工作中总能把思路理清,化繁为简,使工作变得轻松,"他敢于担责,帮我们解决各种难题。"

不知不觉,鲍雷已经在指挥中心干了三年。三年来,工作中加班加点对他来说是"常态化","从来没有去计较"。

他说,以前自己把工作仅仅当成一种"饭碗","现在早已当成职业了。"

民警眼里的兄长，母亲膝下的孝子

鲍雷管理的指挥中心和警卫队，在人员的年龄结构上有较大反差，用鲍雷的话来说，"老的老，小的小"。

指挥中心的工作人员大部分是信息员，主要职责是看监控、录信息和应急处置，上班的时间长，经常得熬夜，需要精力旺盛的年轻人；而在指挥中心的岗位锻炼，有助于了解整个监狱的日常管理流程。所以，各部门的年轻人常抽调来这里锻炼，人员流动性较大。

对于这部分年轻人，鲍雷得花时间进行培训，让他们熟悉岗位职责，掌握工作技能。

监狱的警卫队，则"老人"居多，大部分民警工作时间较长，经验丰富，但在日复一日的辛苦而单调的工作中，往往磨掉了激情和韧性。

对于这些同事，鲍雷会抽出时间，去跟他们聊聊天、谈谈心，努力唤醒他们内心的热情，在岗位上继续认真履责。

林建松在监狱指挥中心工作了五年多。在他眼里，鲍指挥长的工作方式是"原则加灵活"，"他讲原则、有底线，但在工作中又有一定的灵活性，这是大家都认可的。"

林建松说，民警工作中遇到困难，鲍雷会主动找过来，"一起商量怎么做，不会动不动压你，既严管又厚爱，有温度。"他记得，有一年他妻子动手术，鲍指挥长赶到医院来看望，脚一拐

一拐的——因为在单位忙民警春节联欢会的节目排练,不小心扭伤了。

"他说明天脚肿了,就来不了,所以还坚持一拐一拐来医院。"林建松说,这事令他感动了很久。

信息员闻彦祺觉得,鲍指挥长对于年轻民警来说,就如同父辈或兄长一样,"他会把他的工作方法教给我们,通过他的亲身经历告诉我们怎么处理困难。"

对于与下属们的相处,鲍雷把自己当成一个"领班","我做任何事情都和兄弟们一样,工作标准我不降低,不会把自己搞得高高在上。"他努力在工作中营造一种轻松快乐的氛围,"工作开心才能化解压力。人性化的东西,我觉得不能少。"

"我们的工作模式,就是快乐工作法,这样就把我们的压力抵消掉了。"林建松笑道。他透露,鲍指挥长偶尔还会把自己录制的歌曲,用手机放给同事听,"真的好听。听一下工作都精神多了。"

这十多年来,鲍雷离开了新岸艺术团,也很少参加文艺演出。不过,他对音乐的爱好依然不减当年。前两年,他学会了使用一种歌曲录制软件,业余时间经常录录歌。录歌时,他用一块棉布蒙住手机的录音口,避免口中气流形成杂音。他有时会选择在家里的卫生间录歌,一方面封闭的环境有隔音效果,另一方面为了不打扰同住一屋的老母亲。

鲍雷的母亲今年85岁,他父亲前些年去世。如今,他和年迈的母亲共同生活。前些天,他专门为母亲录了一首《爱的代价》,用手机放给她听,老人很开心。

鲍雷利用业余时间收集的剪报

由于工作很忙，鲍雷没法时常在母亲身边照料。他便在家里几个房间都装了摄像头，用软件将信号连接在自己手机上。没事的时候，他就打开手机看看，老母亲的一举一动便尽收眼底。

　　除了照顾母亲、录制歌曲，鲍雷业余还喜欢打乒乓球、练书法、收集剪报。他将这些业余爱好，作为释放工作压力的最佳方式。

　　"我还有五年就退休了，"他笑着说，"按照领导的要求，我把小青年带好，做好传帮带，我的任务就完成了。"

在挑战中成长

文／宋蒋萱

陕西汉子王鹏是上海市南汇监狱内为数不多的"95后"民警。2017年，他从中央司法警官学院矫正教育系毕业后，以面试第一名的成绩被招录到上海监狱系统，并分配到南汇监狱工作。

工作至今，王鹏感受到监狱民警工作的复杂和艰辛：有时像个老师，需要对罪犯进行各方面的矫正教育；有时又像个医生，要随时应对罪犯的突发状况，尤其是老病残罪犯的诊疗、服药、急诊事宜；如今，他还承担了堪称最为繁杂的监区内勤工作，临时性任务较多，需要随时待命配合其他工作任务。

来到上海后，他逐渐适应南北差异，感受上海的脉搏，不断学习、不断调整，"越早应对挑战，越能成长"，王鹏坚定地说。

"上海没有那么遥不可及"

出生于1995年的王鹏是土生土长的陕西人，在辽阔的关中平原之上长大。

2017年7月1日，王鹏从中央司法警官学院矫正教育系毕业。中央司法警官学院是司法部直属的唯一一所普通高等警察院校，更是被誉为我国"司法警官的摇篮"。学校以监狱学、矫正教育学为优势，构建了法学、管理学、教育学、社会学等相互渗
透、协调发展的学科体系，其中监狱学已建成司法部重点学科，矫正教育学被司法部批准为部级重点建设学科。

在当年6月21日的毕业典礼上，章恩友院长在致辞中希望毕业生们在家国大义上诚待规则，保持生活安宁和身心自由，与国家民族同呼吸、共命运。王鹏将学院的希望和要求深深牢记在心里。

7月10日，毕业十天后，他提上行囊奔赴上海。行李只是最简单的生活用品，行李箱是最小的尺寸，"有制服就行"，王鹏说。

算上面试，那一次是王鹏第二次来上海。他说，此前觉得上海遥不可及，来了之后感觉大都市的气息近在咫尺，心中对未来充满了斗志。他凭借一股闯劲儿，很快适应了上海的生活，克服了南北差异。但王鹏深知，如果想要长久以往地在上海生活下去，还需要源源不断地付诸努力。

经过为期一年的见习期，王鹏对监狱的罪犯管理、劳动管理、物力资源管理、后勤保障等有了初步的认知，随后，他正式成为一名监狱人民警察。正如当年中央司法警官学院毕业典礼结束时的《人民警察之歌》，"人民警察的身影，披着星光，浴着晨露。崇高的理想，培育着高尚情操，严格的纪律，锻炼出坚强队伍"，王鹏肩负起人民警察的职责和重担。

"不能打无准备之仗"

初到监狱工作时，王鹏内心被兴奋、忐忑、紧张的复杂情绪包裹。

王鹏此前对监狱的管理模式已初步了解，感觉有较大把握能胜任工作，也做好了心理预期，但当第一天踏入监区的时候，他内心依然非常忐忑，"面对这么多罪犯，自己是不是可以独当一面？万一罪犯不服管教，怎么应对？……"

数个问题浮上心头，随着前辈的指导和答疑解惑，王鹏在实习期中边看边学，慢慢掌握了应对各种突发情况的方法。

总结来说，王鹏说，管理、教育罪犯时，最好的方法就是了解他们，通过深入了解建立信任，并由此制定对应的沟通和教育方式，"不能打无准备之仗"。

王鹏还记得，曾经遇到过一名与自己年龄相仿的罪犯王彪（化名），由于故意杀人罪入狱。犯罪时，王彪仅因为被一位老人瞥了一眼，认为老人的眼神像曾经抛弃他的外婆，遂将老人杀害。入狱后，王彪很沉默，不愿与他人交流，大部分时间都是一个人做自己的事情，与其他罪犯显得格格不入，且对待一些问题比较自我、偏执,情绪暴躁易怒。

一次,王彪因与他人发生矛盾导致肢体冲突。监区立即处置,对王彪进行管理措施及心理疏导等工作。然而由于王彪始终抗拒交流,不愿向他人敞开心扉,对民警进行心理疏导等工作造成一定阻碍。

在接手其所在监组后,王鹏利用两人年龄相仿的优势,开始尝试与王彪进行谈话、沟通。谈话几次之后,王鹏以自己的真诚敲开了王彪的心门,王彪终于逐步卸下内心的防御。

据了解,王彪自小被养父收养,12岁时就只身来到上海步入社会,以盗窃、抢劫为生,不曾感受过家庭的关爱和社会的温暖。进入监狱后,他对未来不抱希望,消极面对改造。

了解到王彪的实际情况后,王鹏曾尝试帮助王彪联系其生

父，谁知其生父在另一个省的监狱服刑。其父出狱后，开始了与王彪书信往来，对王彪的改造表示关心，并对过去未尽父亲职责表达愧疚。

与此同时，监区安排王彪参加家庭关系和人际关系调适等课程，让他逐步感受到人情的温度和家庭的珍贵。

最后，王彪开始主动找王鹏谈心，心理状态趋于平稳，对改造生活重新拾起希望。

"其实在监狱里，不像外人所认为的民警就是与罪犯针锋相对的角色。我们会宽严相济地与他们相处，让他们既能感受到法律的威慑，又能感受到执法的温度"，王鹏说。

经过两年多的工作，王鹏觉得，自己的角色有时更像一名老师，有时则更像一名医生。他说，在教育罪犯方面，监狱民警首要任务就是教育转化、改造他，把他改造成一个符合社会价值观的人，当罪犯遇到问题，民警要主动了解他心理需求，针对性进行答疑解惑、教育咨询，感觉就像是一名老师。

王鹏还记得2018年中秋节时，监区一名罪犯突发重病，需要前往社会医院就医。整整三天，民警全副武装在医院进行轮流执勤，再苦再累，没有任何怨言。

王鹏说，当面对身患疾病的罪犯时，民警要安排他就医，甚至对一些突发的常见疾病要储存些医学知识，"就像是一名医生"。

"在挑战中成长"

作为全国首家集中关押老病残罪犯的监狱，南汇监狱不断探索老病残罪犯管理模式。2019年以来，南汇监狱进行老病残罪犯一体化管理，尝试将需要经常就诊或病情较重的罪犯，以监区为单位进行集中关押。

王鹏所在的一监区，病犯占到监区押犯的近一半，由于病犯突发情况较多，会时常面临罪犯夜间报病、需要急诊的情况，监区所面临的管理压力也随之增大。

对此，一监区制定了相应的管理制度，针对病犯监组就医频次高、突发疾病多的情况，监区为病犯监组配备一至两名护理犯，并逐步完善护理标准和被护理标准。同时，引进折纸或太极拳等非遗项目，提倡病犯在监组中学习非遗技能，积极参加教育活动。

王鹏称，从第一年开始，他就处在一个不断学习、面对挑战、逐步成长的过程中。他以积极的心态面对一切挑战，"越早面对，就会越早找到解决方法"。

目前，王鹏的工作重心更多与监区内勤有关，工作内容比较繁杂，且需要面对很多临时、突发性任务，将工作完成好，零误差，是他目前对自己的要求。

他坚信，人只有在挑战中才能成长。对于未来，王鹏决定继续以自己的努力去点亮。他说，如有机会，会去组织需要他去的艰苦地方，锻炼自己，得到更快地成长！

为生命领航,陪病犯度过黑暗时光

文 / 陈雷柱

王廷最初并没有想到,穿上警服三年后,他在上海市南汇监狱找到自己人生的另一半。高墙内的世界在常人眼中常被冠以许多负面词汇,但王廷和妻子国丽却在这里收获了自己的爱情,也成就了他们的事业。

2009年底,王廷和国丽走进婚姻殿堂,结婚十年后,作为民警,他们在工作上成为最好的搭档,而在生活中,也常被同事们戏称是"人生赢家"。

在同事们眼中,身高一米八八的王廷和一米七六的国丽是南汇监狱最般配的一对。但王廷知道,他与妻子携手十年仍恩爱如初,靠的不是身高上的"般配",更多的是他们同为民警的默契,以及工作生活中的理解与支持。

"我很难想象,如果我的妻子不是监狱人民警察,我经常在深更半夜接到单位紧急电话时,她能容忍我几次。"王廷说,在南汇监狱工作的十一年里,他深知这座老病残犯监狱与其他任何监狱都有所不同,民警们要做的不仅仅是管理罪犯,还要为他们

重新注入生命的希望,"这就要求我们必须了解相应的医疗和心理健康知识,大量的业余时间都用来学习,实际上工作和生活早就分不开了。"

对于这样的生活现状,国丽并没有抱怨,她说,在这座特殊的监狱里,他们不仅要让罪犯活下去,还要让他们走出去,要引导他们树立正确的人生观和价值观,"我们就像是他们生命的领航员,有的罪犯出狱以后,还是会打个电话到监狱、写封信给我们,告知他们的现状,这对我们来说,是最大的安慰。"

工作调动,她直面工作中的挑战

在监狱系统工作四年多之后,国丽在 30 岁时迎来了自己职业生涯中的一次重要抉择，最初，她有些迷茫。

国丽在2003年进入上海市女子监狱工作，成为一名女民警。她在回忆起最初的工作情况时说，这份工作在刚开始时并不轻松，作为一名女性，在监狱里管理教育罪犯，本身就是一件极具挑战的事，她在最初也曾出现过各种不适应，甚至有过抱怨和抵触。

"女强人"的性格，让国丽坚持了下来，并越做越好。经过四年多的磨合，国丽在事业上逐渐进入上升期，那一年，她给自己定下一个小目标，希望能争取到监狱个别教育能手的荣誉。为了这个目标，她干劲十足，并且信心满满，然而，也是在这个时候，她收到了调令。

2007年为配合上海监狱系统现代警务机制建设，上海市监狱管理局在周浦镇建设了一座集中收押老病残罪犯的特色监狱——南汇监狱。监狱建成投入使用后，来自上海市各司法单位的几百名民警及医务人员被调到这里，这其中就包括国丽。

国丽说，那个时候，她在工作上刚刚有了起色，得到了领导和同事的认可，也得到了监区女犯的信任。调离女子监狱的消息，让国丽产生了些许担忧。她说，南汇监狱是老病残犯特色监狱的消息，在之前早就传开了，她能想象到，调到这个陌生的新监狱之后，将面临的工作压力、心理压力以及安全管理压力，但她在第一时间想到的，是监区里的几名女犯。

"女同志有女同志的相处方式，尤其是在监狱这个地方，很多女犯不愿与人接触，民警们很难走进她们内心。"国丽说，在她管理的女犯中，有几个人自从进入女监以后，对抗情绪强烈，"在长期的教育感化中，她们刚刚有了起色，这时候，我要是走

了,她们会再次陷入不安,之前经历的磨合期要重新再来一遍,这让我很不放心。"

2007年7月28日,国丽接受调配来到南汇监狱上班,两天后,南汇监狱接收了第一批20多名女犯,这其中有14名来自于上海市女子监狱,也包括国丽口中的那几名女犯。国丽说,主管民警是最了解罪犯的人,在女监,很多罪犯同样对民警有着很强的依赖性,"对于难管理的罪犯,她们的帮教是最难的,可一旦走进她们的内心,就再也放不下她们了。"

国丽记得,在南汇监狱第一批女犯中,有一名叫刘雅安(化名)的罪犯,她因杀死婆婆以故意杀人罪被判处无期徒刑,她在刚刚被送进监狱时极难与人沟通,对抗管理,经常在车间打滚,但在长期的接触中,她逐渐发现,刘雅安内心实际上非常孤独,缺乏安全感。

转入南汇监狱后,刘雅安一度对国丽也非常排斥,经过多次接触，国丽找到了她内心最柔软的地方，并以此取得了她的信任。

刘雅安在入狱后不久，就与丈夫离婚了，她一直记挂着自己的孩子，但男方始终不愿带孩子来见她，经过多次沟通后，国丽为刘雅安带来了一张孩子的照片，此后，刘雅安逐渐学会了表达，内心压力也得到了释放，整个人都发生了转变，她说要积极改造争取减刑。这一切可能都源于她内心深处对孩子的那一点盼头。

来到南汇监狱后，国丽迅速进入了角色，她此前为自己定下的目标也逐一实现了。她说，在这座特殊的监狱里，很多病犯因为失去亲情、身患疾病等原因，在心理上非常偏执，管理难度很大，但作为老病残犯监狱的民警，引导他们树立正确的人生观和价值观是他们的重要职责，"我们要像他们生命的领航员，让他们在这里活下去，也能顺利地走出去。"

新警上岗，他想帮病犯重拾希望

在国丽调入南汇监狱大约一年后，2008年10月，这座老病残犯监狱迎来了一批新的民警，其中身高一米八八的王廷因为身高的优势，被很多人注意到。那时候，国丽并没有想到，仅一年多以后，他们就在监狱这个"大家庭"里，组建了自己的小家庭。

2007年，王廷通过公务员考试进入上海市监狱管理局，后被分配到白茅岭农场（监狱）工作。他说，他在填报志愿时第一

志愿原本填的是税务机关,后被调剂到监狱系统,"刚开始是有点小失落,但现在却很满足。"

2008年10月8日,王廷从白茅岭农场调到南汇监狱工作。他说,白茅岭农场对于很多新民警来说,就像是一个中转站,工作几年后,很多人都会离开那里被调配到市内单位。此前,王廷在获知自己被分到南汇监狱时,再次感到失落。他说,因为年龄和身高等原因,他在白茅岭农场经常组织罪犯参加运动,这一度成为他工作中的一大乐趣,"但南汇监狱都是老病残罪犯,去了之后这项工作显然不能再开展了。"

在正式报到之前,王廷与其他几名同事提前来到浦东新区周浦镇租好了房子,他记得,那个时候,南汇监狱周边除了大片的农田以及稀稀落落的民房,几乎一无所有。他们在离监狱大约三公里的地方租了一套房子,此后,他每天花二十分钟时间步行上班,并把这当成不能在监狱组织运动项目的一种补偿。

实际上,尽管此前已经在白茅岭农场工作了一年,但在整个监狱系统,王廷仍然算得上是一名新警。他至今仍记得,刚来南汇监狱时,尽管身穿警服,但他仍会不时表现出自己稚嫩的一面,甚至有时面对罪犯违纪,会显得手足无措。

最初,王廷分管的罪犯中,有一名叫赵亮(化名)的罪犯,因犯寻衅滋事罪被判刑入狱,他因对公安民警执法存有看法,因此在监狱从不配合民警管理。王廷说,在赵亮多次装病、不参加劳动、无理取闹、拒不服从管理之后,他将赵亮送去了监狱严管队。赵亮重新回到监区后,尽管基本能服从配合王廷的要求,但王廷仍能感觉到他发自内心的抵触情绪,他也由此感觉到,对于罪犯的管理,光靠教育是远远不够。

2015年,王廷遇到了一名重刑犯陈辉(化名),他因家庭琐事杀害妻子、孙子后自杀未遂,被法院以故意杀人罪判处无期徒刑,因身患重病,63岁的他被移押到南汇监狱。

陈辉在来到南汇监狱后一直沉默寡言,王廷作为主管民警,在对新收罪犯逐一谈话时,陈辉面对询问仍闭口不言。经过几次接触,王廷觉得,陈辉因为此前经历存有再次自杀的念想，因此对他特别留意。

在后续管理中，王廷在监控中发现，陈辉夜间很少睡觉，一直翻身，甚至在监房内不断转圈。这一情况引起了王廷的重视，多次寻找陈辉谈话后，对方始终目光无神，也从不向监狱提任何要求，这让王廷觉得无处下手，"后来在一次谈话中，我提到了他的儿子，发现他眼珠动了一下，我突然觉得，我好像找到了突破口。"

后来，民警们主动上门找到了陈辉的儿子，经过多次劝说，对方终于同意来监狱看望陈辉，父子俩的心结也由此解开。王廷说，在南汇监狱，有很多罪犯从进入这里的那一天就对生活不抱希望了，"因为工作和职责的关系，在他们生命中最黑暗的时光，只有我们民警陪在身边，我想帮他们重拾希望。"

结婚十年，工作成夫妻关系融合剂

2009年4月，南汇监狱组织一次文艺汇演，王廷和国丽被同时选中参与一个话剧的排练。最初，他们都没有想到，这次配合，让他们在之后的工作与生活中，再也分不开了。

王廷至今仍记得，那次话剧排练，他饰演一名监区领导，国丽的角色是一名罪犯家属。尽管国丽后来因为身高太高，不适合这个角色，没有继续参与话剧的排练和演出，但通过简单的几次接触，王廷却记住了这个名叫国丽身高一米七六的女同事，他觉得，国丽说话办事、方方面面都特别合他心意，便主动找她交换了电话号码。2009年8月，两人确定了恋爱关系，半年后，他们步入婚姻殿堂，建立了自己的小家庭。

国丽说，因为同样都是监狱民警，她和王廷在工作与生活中会比普通夫妻更能理解和包容对方，"他什么时间在做什么事，遇到什么困难，需要什么帮助，我全都了解，偶尔出现心情低落或者情绪不稳，我也知道背后的原因。所以结婚十年以来，我们一直家庭和睦。"

2014年12月，国丽离开一线不再直接管教罪犯，她被调到教育改造科负责狱内媒体，每个月定期出版监狱内部刊物，收集监狱里大大小小的感人故事。她说，从那时候起，除了丈夫和同事外，王廷又多了一重身份，成为她的"情报员"，为她提供监狱内的各种新闻素材。而另一方面，王廷在管理罪犯过程中遇到困难后，国丽也能依照自己接触过的相似事例为他提供中肯的意见。国丽说，工作上的互补关系，对她和王廷的夫妻关系起到了融合剂的作用，她觉得这是一种恰到好处的关系。

国丽说，自从调到教育科负责狱内媒体后，她加班的频率比以往高出很多，因为月底要出刊，每个月20日到25日是她

最忙的时候，经常会在办公室熬到晚上10点左右，但不管忙到多晚，王廷都会来接她下班，"他从不抱怨，我想这种理解与支持可能是因为我们同在监狱工作，

我面对的困难和压力不用我说，他都懂。"

　　提到工作与生活的关系，王廷感慨说，在南汇监狱工作的十一年里，从一名新警到副监区长，他深知这座老病残犯监狱与其他监狱的不同之处，这里的罪犯年龄大、身体差、就诊频繁，导致民警们心理压力、安全监管压力都十分巨大，他们要做的不仅仅是管理教育罪犯，特殊的环境要求他们必须了解相应的医疗和心理健康知识，"大量的业余时间都用来学习，实际上工作和生活早就分不开了，我很庆幸能找到一个人，和我共处在这样的环境中一起拼搏，有分享，也能分担。"

别／样／的／人／生

第七章 抗"疫"逆行

非常时期,非常担当

全封闭管理已经进入第八天,南汇监狱全体民警丝毫没有松懈,按照"非常时期、非常担当"的工作要求,依旧坚持以最严格的管理,确保监管安全稳定、疫情不进入监狱,坚决打赢监狱疫情防控攻坚战。

首题必政治——"召已应,战必胜"

南汇监狱党委高度重视,将封闭式管理当成政治任务来抓,党委班子成员各司其职,明确分工,分别做好执勤上岗和监狱备勤模式下的各项工作。各党支部迅速行动,积极落实党委各项防疫工作部署,成为打赢这场防疫攻坚战的坚强堡垒。领导干部和党员民警带好头、站好岗、履好职,用实际行动吹响了战"疫"冲锋号。

每题必安全——"安全大于天"

为确保狱内安全,各部门联防联控,坚决落实体温监测、

换防交接仪式

家庭情况排摸、教育管理等各项狱内防控措施，坚定不移把党委各项防疫部署落细落地，织就起一张新型冠状病毒疫情的严密防控网。

基层民警是打赢这场战"疫"的重要力量。监狱把值班、备勤民警的身心健康作为重中之重，千方百计做到在物资供给上充分保障，在活动安排上充分设计，打好对值班、备勤民警关心关爱的"组合拳"。

对罪犯开展心理健康、疫情防控等专题教育

每日定期对公共区域进行消毒

对湖北籍罪犯进行个别谈心,做好安抚工作

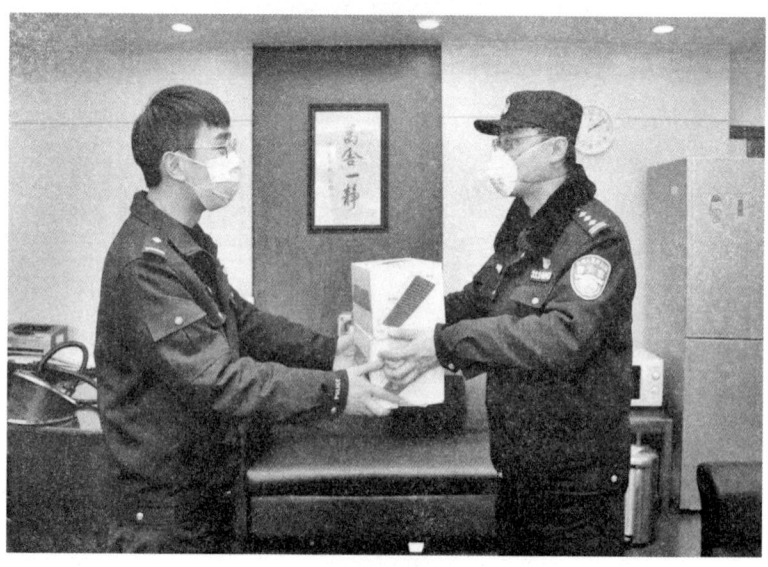

发放保障物资

逢题必认真——"天下之事必作于细"

在对广大社会群众而言,"居家待着就是为国家做贡献"的非常时期,参加全封闭管理的民警们却用别样方式来体现他们的非常担当。从内务到履职,他们用"认真"来应对这场战"疫"。

认真做好押运车辆消毒工作

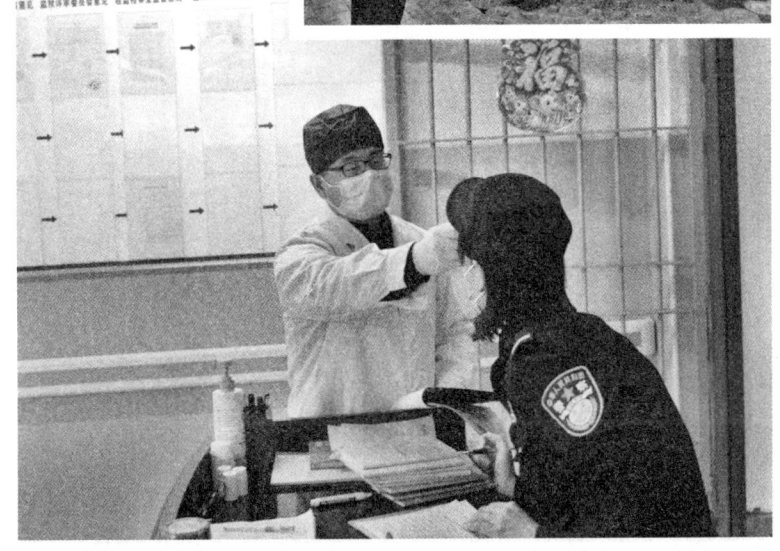

定期对值班民警进行体温检测

执勤民警检查监组消毒情况

面临家人难以团聚照顾、高强度值班连轴转、睡眠休息无法充分保障等种种困难,广大党员民警们共克时艰,以默默坚守、尽职尽责的履职担当来应对这场与防控新型冠状病毒疫情的攻防战。

做好日常讲评教育,督促罪犯注意个人卫生

民警做好现场执勤巡查工作

同舟共济、众志成城,
我们一定能打赢疫情防控阻击战!

一名监狱人民警察的忠孝抉择

祭 母 词

◎ 陆荣欣

梦中犹见母音容,

夜半醒来心悲恸。

再无慈母家中盼,

泪洒衣襟眼迷朦。

2月15日凌晨,陆荣欣被一阵急促的手机铃声惊醒,他怕影响同事休息,悄悄到过道接听电话。过了许久,同事听到他踉跄的脚步声,关心地问道:"家里出什么事了吗?"老陆压抑住心中的悲痛,哽咽道:"老母亲刚刚走了……"

南汇监狱的民警们都知道,老陆是出了名的孝子。母亲罹患尿毒症后,需要定期血透、吃药,而身为海员的哥哥常年不在家,老陆便责无旁贷地担负起照顾父母亲的重任。他每周要定期送母亲到医院血透,血透后母亲会出现头晕、厌食和乏力的症状,为了帮助母亲减轻病痛,老陆一直细心照顾、耐心陪伴。每逢周末,他都尽可能陪在母亲身边,洗晒衣被、整理家务,或陪

得知母亲去世，老陆彻夜未眠

母亲聊聊天……这一坚持就是五年。

看到母亲日渐消瘦的身体和每况愈下的状态，老陆常常对自己念叨："世界上最内疚的事情就是子欲养而亲不待！只要母亲在，就算吃再多的苦、受再大的累，都是值得的。"

这次监狱全封闭管理，考虑到老陆的实际情况，监狱安排他第三批入监执勤。要到监狱备勤了，这一去就是28天无法照顾母亲了，他决定尽快把家里的事安排妥当：先是去医院帮母亲配了一个月内必需的药品，然后为家里购买了日常物品。同时，联系亲友、护工，把照顾父母的细节一一交待清楚。

出发前一天，老陆紧紧地搂着母亲："妈，儿子是一名警察，值班备勤是职责所在，一个月不到我就回来了，你在家要安心养好身体。"母亲看着老陆，虽然没有说话，但眼里噙着泪水，双手紧紧拽住儿子的衣角,是不安,也是不舍……

在亲情和工作之间,老陆毅然选择了尽责履职。却未想到,与母亲的这次约定永远无法兑现了……

得知老陆母亲去世的消息,鉴于全封闭管理,监狱党委书记、监狱长周广洪通过书信形式向陆荣欣表示慰问,信中写道:正值全监干警奋战在防控疫情阻击战之际,惊悉您母亲驾鹤西去,甚是悲痛。您把本应陪伴母亲病榻的孝心变成了投入战斗的忠诚;把照顾家慈的责任变成了共克时艰的情怀。监狱党委向您表示最真诚的慰问。节哀顺变!母亲安息!

监狱准备安排车辆送老陆回家料理母亲的后事,同事们也劝老陆准备一下,抓紧回去。老陆清楚地知道,现在监狱的警力非常紧张,如果自己现在离开,耽误的工作不是一两天,而是必须重新轮回。作为一名老党员,在关键时刻决不能一走了之。他相信母亲在天之灵一定能理解他的孝心,也一定会支持他的选择。

"母别子,子别母,白日无光哭声苦。"我们犹记得,2020年2月11日下午,援派武汉火神山医院护士吴亚玲,正在抗疫一线奋战时母亲突发疾病去世。崩溃到嚎啕大哭的她，跑到值班室朝家的方向三鞠躬以此悼念母亲，咽下悲痛，在泪如雨下中继续逆行。而就在监狱安排送老陆回家为母亲送行的时候，这位勇敢而倔强的"战士"也做出了同样的决定，继续坚守岗位！

陆荣欣看着手机里母亲的照片，抬头朝家的方向深情眺望，泪水模糊了双眼。

在大家眼中，陆荣欣为人随和、沉稳低调，在监区人缘很好。平时大家有事都喜欢找他说说，生活上遇到困难也喜欢向他请教。

老陆对工作一丝不苟、任劳任怨，每次都仔细地将物品和台账交接清楚，绝不马虎。他管教经验丰富，是一名受人敬重的"老法师"。他做过不少青年民警的带教师父，可谓是"桃李满天下"。

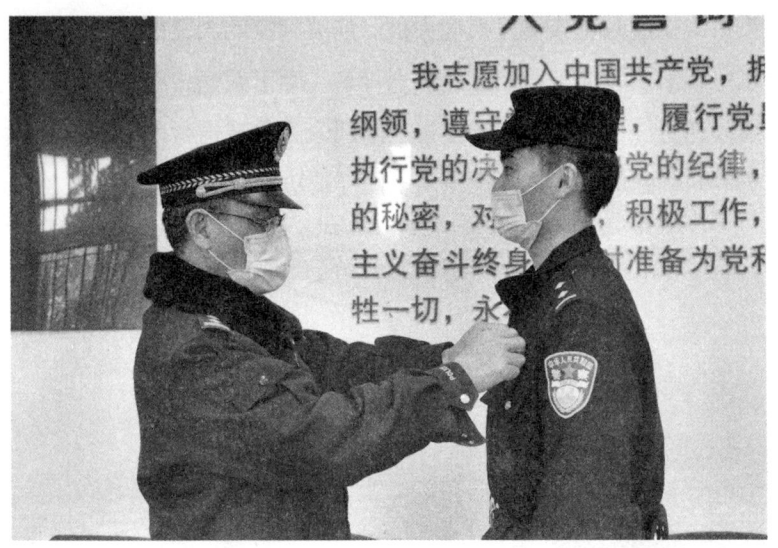

在日常管理中，老陆公平公正地对待每一名罪犯，他的人格魅力赢得了罪犯的尊重。有名罪犯在周记上写到："尊敬的陆队长，我敬佩您……您就像父亲一样关心我，教导我……"

自古忠孝难两全
不计功与名，深藏情与爱
这是逆行者的担当
这是守夜人的使命
守住这道门，护好这座城
才是对亲人的最好告慰

大墙内坚守的平凡身影,也是一种美丽

当晨曦微明的时候
她们用匆匆的步履迎接朝阳
当暮色降临的时候
她们用灿烂的笑容点亮苍穹
她们踏上抗疫战场
义无反顾
有一种骄傲是无怨无悔的选择
有一种精神是令天地动容的难忘
和煦的春风中
大墙内铿锵玫瑰悄然绽放
……

——《巾帼颂》

今年是第 110 个"三八"国际劳动妇女节,也是全国上下众志成城、抗击疫情的关键时期。在这场战"疫"的日日夜夜,女民警们克服困难、奋战"疫"线,坚决扛起守护监管安全的责任和使命。让我们到南汇监狱七监区,一睹奋战在抗疫一线的巾帼风采——

陈瑶，七监区监区长，1997 年 7 月参加监狱工作，从警 23 年。

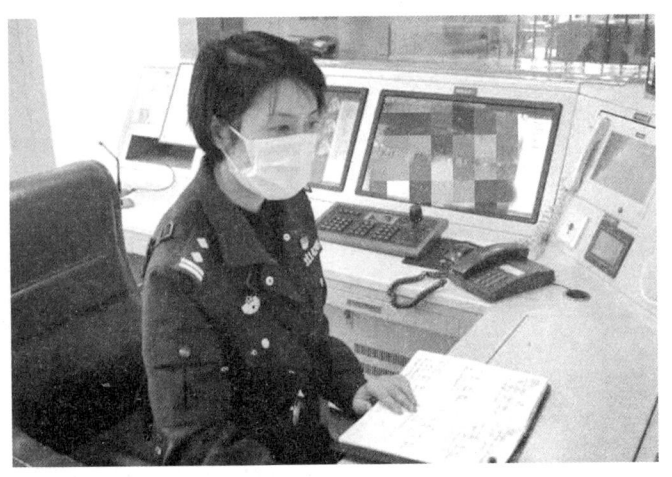

女子监区的领头雁陈瑶，在工作岗位上连续奋战，而她的丈夫同样在提篮桥监狱参加全封闭执勤。儿子已经上高中了，作为父母无法陪伴在身边，但一直叮嘱孩子不要放松学习，同时也要重视自我防护。

"成为一名监狱人民警察，是我无悔的选择。在危难时刻，警察应当挺身而出，党员更应当冲锋在前"。

她的祝福是"姐妹们，我们是妻子、是女儿、是母亲，同时我们还是党员、是民警、是骨干。虽然我们肩上的责任很重很沉，但在非常时期，我们应当展现不一样的巾帼风采！只要我们齐心协力、共克时艰，希望就在眼前！"

朱少真，七监区主管民警，2005 年 7 月参加监狱工作，从警 15 年。

主管民警朱少真，教育警务组业务骨干，在疫情面前，她从来不讲困难和条件，只讲纪律和服从。她最放心不下的是生病的母亲和年幼的女儿，最感激的是家人的支持和理解。

"当年，缘于偶然，我穿上了这身警服，如今，我已深深地爱上这藏蓝警色。"

她的心愿是"阳春三月春暖花开，美好的生活正向我们张开双臂！让我们共同努力，早日战胜疫情，姐妹们就能早日与家人团聚！"

董春霞，七监区主管民警，2007 年 10 月参加监狱工作，从警 13 年。

主管民警董春霞，从运动员到监狱人民警察的华丽转身，源于对这份监狱事业的神圣感和对人民警察的梦想。她细致地做好

罪犯教育管理工作,认真排摸犯情,逐一和女犯谈心,加强疫情防护知识的宣传和教育。

"你从来铿锵,历经风霜总会见阳光。让我们的每一份力量都汇聚成一股暖流,迎接春暖花开的到来。"

她的祝福是"抗击疫情,警察不退。愿春来,山河秀丽;愿无恙,你我安好;愿情在,笑容绽放!"

潘祎,七监区主管民警,2011 年 8 月参加监狱工作,从警 10 年。

从世博女兵到监狱女警,"为了延续军人的荣耀,为了实现个人价值,我选择了从警!"主管民警潘祎,她的丈夫在外地执行任务,公公在新收犯监狱参加全封闭管理执勤。当组织上告诉她,可以选择回去照顾家庭时,潘祎就说了一句"我是党员我先上"。

她说,"虽然女神节不能游园和踏青,不能拥抱家人,但我们无怨无悔。因为在这里,我们有同甘共苦的姐妹,有无坚不摧的集体,同心抗疫,奋斗的青春最美丽。"

顾颖颖,七监区主管民警,2013年7月参加监狱工作,从警7年。

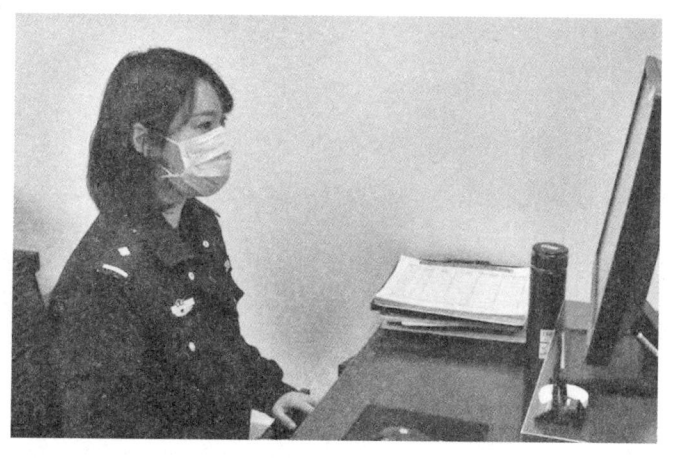

顾颖颖是监区"小总管",从安排执勤到数据报表,从物资领用到有序发放,虽然繁杂琐碎,但离不开细心和耐心。

"防控疫情,维护稳定是我们义不容辞的责任,'把大墙内的人改造好,让大墙外的人生活好'是我们光荣的使命。"

她祝愿所有的"战疫女神",幸福、美丽、健康、快乐!

从雨雪纷飞一直守到春暖花开

在监狱封闭管理的特殊情况下，新民晚报记者杨洁通过电话采访的形式，真实地记录下南汇监狱民警立足岗位、忠诚履职的一个个鲜活事例。

"爸爸回来了!"

4月25日,结束值勤的杨志刚推开家门,正在念初一的儿子一下子兴奋地扑上来,给了爸爸一个大大的拥抱。尽管未曾离开上海,但这个家,杨志刚已经阔别了三个月。

杨志刚是上海南汇监狱民警。为应对疫情,1月27日起,监狱实行全封闭管理,大多数民警连续两个月没有回过家,更有一部分人像杨志刚一样久久坚守。

南汇监狱是上海唯一以关押老病残罪犯为主体的功能性监狱。老病残罪犯抵抗力相对较差,加上大墙内人员密集,管控难

上海市南汇监狱抗击疫情阻击战换防仪式

度可想而知。在这方几乎与世隔绝、鲜为人知的天地里,400多名民警组成了"疫情防控+安全监管"的双重防线,从雨雪纷飞一直坚守到春暖花开,从1月27日到今天(5月4日),正好100天。

换防接力

上岗前先备勤15天

通过核酸检测后,进入备勤区隔离14天,再做一次核酸检测,等待报告合格……即便对于监狱民警而言,防疫期间的监区也不是那么容易进的。墙外的民警要过15天才能走进监管区,真正上岗。

1月下旬,监狱原有的"三班制"模式很快调整为战时最高等级勤务模式。特殊时期,监狱每名主管民警要承包3—4个监

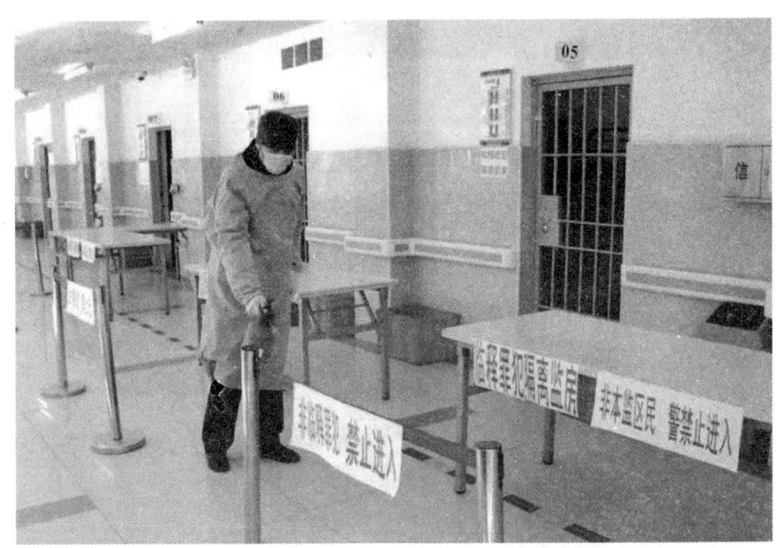

民警在监房区域进行消毒

组,管理40余名罪犯。执勤、值班,见缝插针地和罪犯谈话谈心,安排他们拨打亲情电话,批阅周记,录入电子台账,制作行政奖惩材料、减刑假释司法文书……工作量翻了几倍。

"疫情期间的执勤安排是'一个萝卜一个坑,一个人一个职责'。"南汇监狱党委书记、监狱长周广洪说,这也意味着,一旦有同志因事离开岗位,势必有另一人将加倍辛苦地承担更多任务。

因此,民警总是尽力克服个人困难,坚持完成任务:"90后"民警吴晓捷原本应该在3月底举办婚礼,因为执勤他将婚期延迟;民警陆欣荣在备勤期间得知母亲去世的消息,但他决定坚守岗位,不把压力和责任交给其他同志;民警陈瑶连续请战,监狱领导最后只能强硬"劝返";更有许多双警家庭,夫妻同在大

民警为罪犯测量体温

民警陆欣荣坚守岗位

墙内奋战，只能电话指导孩子在家上网课……第一批换防后，还有不少人主动申请第二批、第三批继续留守，特殊时期展现监狱人民警察的担当。

管教安抚

再多一通亲情电话

"马步的时候注意重心，不要往前倾。""你这个动作不标准，手臂要再弯一些，像这样……"下午点名完毕后，四监区部分罪犯在走廊上列队开始练习八段锦。一些年纪轻、学习能力强的罪犯，依照着从电视上学来的动作站在前排领操，其他人则站在后面"依葫芦画瓢"，民警在一旁指导演示。

部分罪犯在走廊上列队练习八段锦

监狱安排教育活动

疫情期间,南汇监狱安排了更周密的教育活动,八段锦就是其中之一。此外,监狱还加强专业医学指导,钟南山、张文宏也以专题片的形式"走进"大墙,让罪犯及时准确地掌握科学知识。

籍贯湖北武汉的罪犯刘某看到新闻中播报的疫情情况,担心在武汉的妻儿安危,刘某想再打一个电话。按照监狱规定,在这非常时期罪犯可以增拨一次亲情电话。电话接通了,那头的妻子告诉丈夫,家人并未染上病毒,让刘某安心服刑不要担心。听了妻子的一席话,刘某如释重负地放下电话,松了一口气,眉头渐渐舒展开来。

"加强防疫措施的同时,也要消除罪犯对疫情的恐惧心理。"周广洪说,疫情对罪犯的心理冲击较大,因此在原有基础上增加了罪犯与家人沟通的次数，免除彼此的牵挂。

慎终如始

测温最高2小时一次

"周医生，我们监区需要设置隔离观察监房，你能不能现场指导一下？"

"张医生，罪犯刘某血压异常，请联系总医院急诊！"

在大墙内值守的也有白衣战士。疫情期间，监狱卫生所的医生也参与全封闭式执勤，发挥着重要作用。

目前南汇监狱在押的老病残罪犯有千余人。他们有的年龄60岁以上，有的身患基础性疾病，甚至有的生活不能自理，身体状况参差不齐。和其他监所的普通罪犯相比，老病残群体需要更多的疾病预防、慢性病控制、心理干预、术后康复等医疗辅助手段参与日常管理。

例如，监狱内有130名罪犯需要每天早晚注射胰岛素。为了保证药效，避免出现不良反应，胰岛素必须在罪犯就餐前规定时间内注射完毕。这也意味着医务人员必须在一个小时左右跑遍4栋楼7个监区，完成130次不同剂量的注射任务。

在疫情防控的关键时期，全体民警和罪犯的体温测量频率高达每2小时一次，直到4月下旬，才调整至一天测温2次。还有楼面巡查、医疗管理、防疫物资领取、盘点与发放……工作量可想而知，

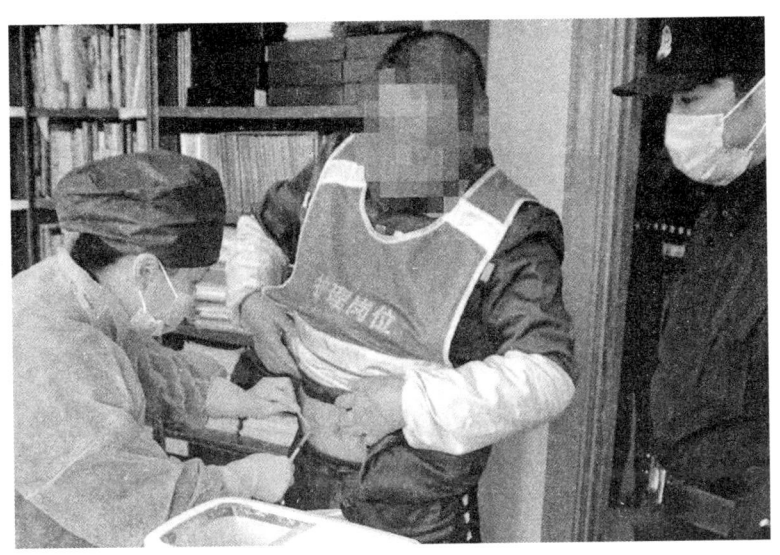

罪犯注射胰岛素

但大家毫无怨言,他们的共同目标,是确保监狱的绝对安全。

时间一晃一百天。

周广洪写下一首诗,与同行的战友们共勉:

> 未曾远行,却已分别一季
> 未赴前线,也在战疫一线
> 未见硝烟,也有冲锋陷阵
> 未获全胜,当须慎终如始

新民晚报　杨洁

图片 | 南汇监狱供图

别／样／的／人／生

第八章　影像记录

摄影图集

摆放整齐的杯具

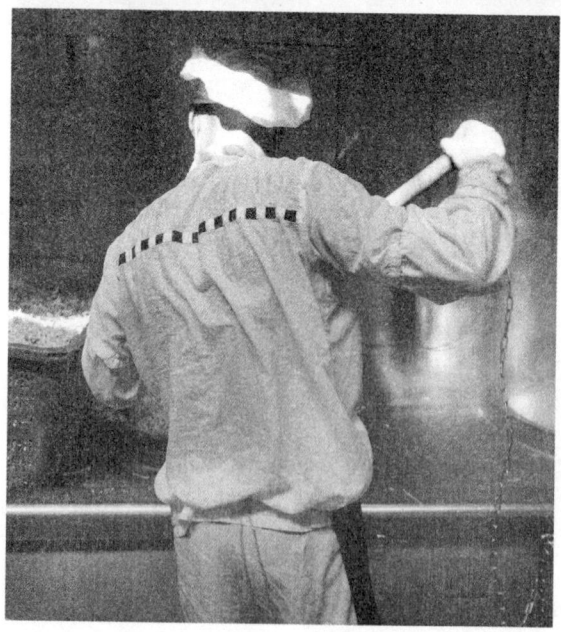

炊场

罪犯参加护工班学习

罪犯禁毒作品

开放日

瞭望

第八章 影像记录 205

民警在进行个别教育

罪犯参加面点班学习

别样的人生

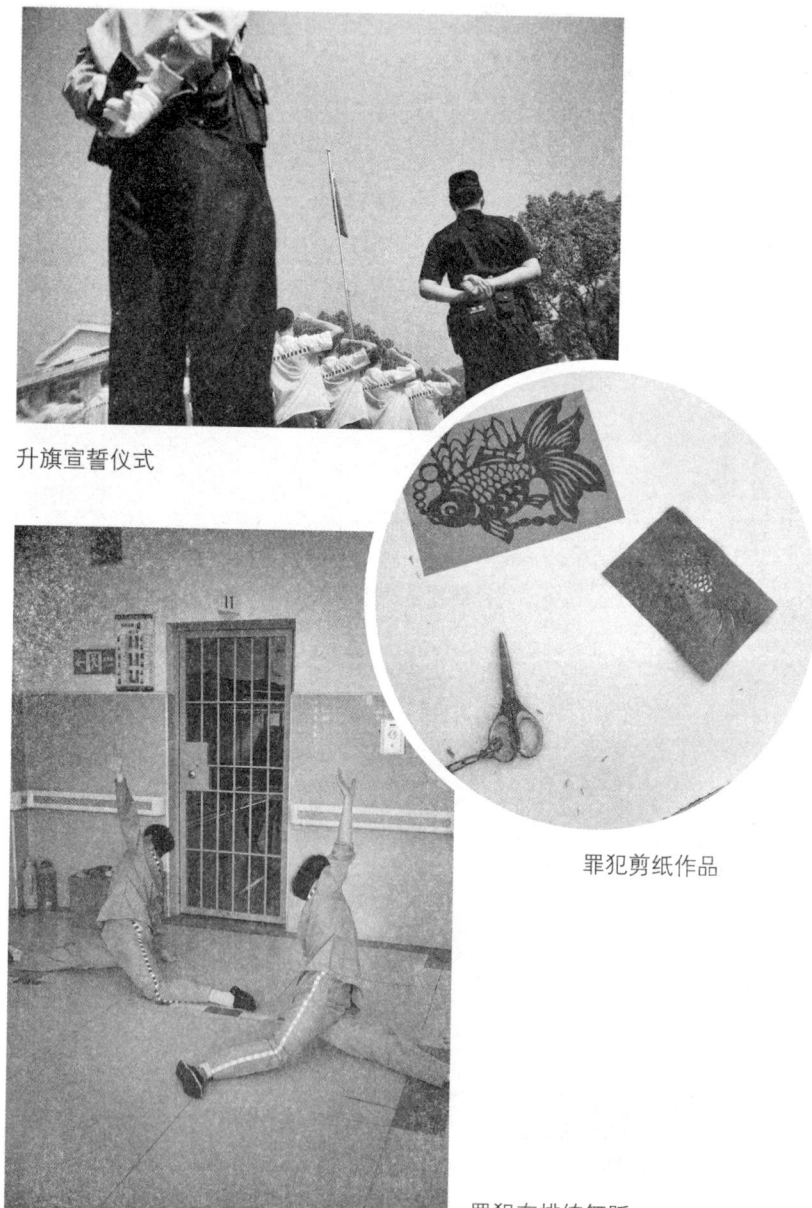

升旗宣誓仪式

罪犯剪纸作品

罪犯在排练舞蹈

第八章 影像记录 207

罪犯在书写材料

罪犯在做养生保健操